微时代背景下大学生
思想政治教育创新研究

杨　睿◎著

吉林出版集团股份有限公司

图书在版编目（CIP）数据

微时代背景下大学生思想政治教育创新研究 / 杨睿
著 . 一 长春 : 吉林出版集团股份有限公司 , 2020.7
　ISBN 978-7-5581-8742-1

　Ⅰ . ①微… Ⅱ . ①杨… Ⅲ . ①大学生－思想政治教育
－研究－中国 Ⅳ . ① G641

中国版本图书馆 CIP 数据核字 (2020) 第 107509 号

微时代背景下大学生思想政治教育创新研究

著　　者　杨　睿
责任编辑　王　平　姚利福
封面设计　李宁宁
开　　本　787mm×1092mm　1/16
字　　数　204 千
印　　张　11
版　　次　2021 年 3 月第 1 版
印　　次　2023 年 4 月第 2 次印刷

出　　版　吉林出版集团股份有限公司
电　　话　010-63109269
印　　刷　炫彩（天津）印刷有限责任公司

ISBN 978-7-5581-8742-1　　　　　　定价：58.00 元

前　言

　　近年来，随着新媒体技术的快速发展、互联网络的大力建设以及智能手机的广泛应用，一个全新且自由的"微时代"已悄然而至。"微时代"的出现不仅改变着大多数人的生活方式，它更以一种潜移默化的形式对当代大学生价值取向的塑造行为方式的选择、人际交往的优化等方面造成一定的影响。为适应"微时代"给高校教育环境所带来的新变化，思想政治教育工作者们必须深刻认识和理解"微时代"的内涵和特性，打牢新时期发展思想政治教育的根基和基础，努力做好"微时代"背景下的大学生思想政治教育工作。

　　本书以"微时代"作为研究背景，分析了大学生思想政治教育创新问题，内容包括：第一章：对大学生思想政治教育的现状，实现途径，影响因素和发展趋势进行了概述。第二、三章：简要介绍了高校思想政治工作创新的内容、机制及方式、思路与对策。第四章：详细介绍了新媒体时代高校思想政治教育工作的创新发展。第五章：对高校大学生思想政治教育工作模式创新进行了探索研究。第六章：分析了"微时代"背景下高校思想政治教育的发展情况，在此基础上，论述了"微时代"给大学生思想政治教育带来了哪些机遇与挑战。第七章：深入分析了"微时代"背景下高校思想政治教育的创新原则、方法创新、途径创新等。

　　高校思想政治教育工作创新研究是提升高校思想政治教育有效性的必然要求。高校思想政治教育创新要从观念创新、内容创新、机制创新和方式创新四个维度全面展开。在实践中进行高校思想政治教育创新活动，必须坚持基本原则和具体策略的有机结合，根据高校思想政治教育的基本特点，充分利用各种方法增强学生的思想道德水准，为贯彻科学发展观、构建和谐社会提供优秀人才。

　　本书在编写过程中参阅了国内外大量的著作、论文和权威网站的资料，借鉴了众多专家、学者的科研成果，再次一并表示衷心感谢。由于时间仓促，本书在创作过程中难免存在疏漏之处，敬请各位读者指正！

编　者
2020 年 3 月

目　录

第一章 大学生思想政治教育概述

第一节 大学生思想政治教育的现状

加强和改进大学生思想政治教育工作是一项贯穿于中华民族伟大复兴事业的战略任务。当前之所以要特别强调加强和改进大学生思想政治工作，一个很重要的现实背景就是国际国内形势的深刻变化，使大学生思想政治教育面临着严峻的挑战。随着对外开放不断扩大，在各种思想文化相互激荡的环境中，尽管我国大学生的思想状况主流是积极、健康、向上的，但是大学生思想活动的独立性、选择性、多变性、差异性明显增强，受到各种思想文化的影响明显增多。

一、大学生思想政治教育工作的特点及存在问题

党的十九大精神是指引我们新时代大学生不断前行的一盏明灯，因此深刻学习掌握十九大精神，并将其落实到学生的学习生活当中是青年大学生的一项重要任务。因此积极探索创新大学生思想政治教育的创新方法，充分利用高校现有的教育资源和平台，将党的十九大精神融入专题教育活动中去。当前大学生的思想政治教育工作在时代背景、社会环境和大学生自身素质等方面都呈现出与以往不同的特点。

（一）开放性

当前大学生生长在我国全方位实行改革开放的年代。他们所接触的社会，不是一元的，而是多元的；他们所接受的教育，不是一维的，而是立体的。不论是敞开的国门、信息高速公路，还是无孔不入的现代网络世界，都给富于猎奇心理的青年大学生带来巨大的诱惑与冲击。各种各样的思想、观念、文化、信息纷至沓来，五花八门，色彩缤纷。其中既有学术信息、娱乐信息、经济信息等等，堪称信息时代；又有形形色色的黄色、暴力等

信息网站、垃圾场和糟粕堆。青年大学生们要从这些光怪陆离的思想、观念、文化、信息中进行比较、鉴别，自主选择和淘汰。在开放的社会环境中，学校教师在思想政治教育中的权威地位发生了动摇，作为社会主梁道的思想政治教育的固有的优势，也受到了挑战，它不再能垄断学生获取信息和接受教育的渠道，相反，它只是学生进行比较、鉴别、自主选择和淘汰的对象之一。

（二）主体性

青年期原本就是自我意识发展和自我需要扩张的时期，青年渴求独立、自主的意愿更甚于处于其他年龄段的群体。随着市场经济的发展，知识经济时代的即将来临与科学技术进步带来的生产力的巨大发展，使知识、人才成为今日社会的明星。重视人才，重视人才的价值，进一步唤醒了青年的主体意识。当代青年大学生追求自我价值的实现，自我的成功："人不应该做他人的影子，而应该做回真正的自己。"这种自我价值的追求体现了个体成长发展的内在需求，是人的独立性、自主性的外在表现，是人的自立、自强、自尊的道德价值的体现，是有着进步意义的。在这种对个性发展、个体权利以极大的空间与合理关注的社会环境下，青年大学生在观察问题、思考问题时往往采取批判和标新立异的态度。在这种自我意识极强的氛围下，如何对青年大学生进行社会主导价值观教育，并使之被青年大学生心悦诚服地接受，是当前高校思想政治教育所面临的又一新特点。

（三）差异性

高校的大学生来自四面八方，学生由五湖四海聚集到一起。由于各地经济发展水平的不同，造成了学生的差异性。如何针对不同特点、各具差异的学生进行思想政治教育，使之达到理想的教育效果，是高校思想政治工作面临的又一新问题。尽管青年大学生思想政治教育出现了开放性、自主性、差异性的特点，但青年作为人自幼年步入成熟阶段的一个阶梯，仍具有极强的可塑性。一方面，我国经济体制改革方兴未艾，我国经济发展速度举世瞩目，我国政治体制改革步步深入，我国科学文化日益繁荣，我国人民生活水平日益提高，凡此种种奠定了我国青年价值观朝向健康轨道发展的大趋势。另一方面，裹挟在历史进步大趋势中的青年所特有的先锋性、进取性，也决定了青年价值观的健康走向。只有高校思想政治教育工作坚持正确导向，增强教育的现实性、针对性、科学性，青年大学生的思想政治教育工作一定会收到良好的效果。

二、大学生思想政治教育工作的对策

根据当前大学生思想政治教育工作面临的新特点、新问题，高校学生思想政治教育应该把思想政治教育融入第二课堂各项活动中，强化三观教育；加强校园文化建设，全面提高学生素质；加强大学生社会实践环节，增强学生社会责任感；加强学工队伍建设，提高思想政治教育效果等方面着手加强和改进高校思想政治工作。

（一）发挥主渠道作用

学校思想政治教育的核心是进行爱国主义、集体主义和社会主义价值核心价值观教育，引导学生树立正确的世界观、人生观、价值观。针对学生思想政治教育的新特点、新倾向，应该充分发挥第二课堂，把思想政治教育工作融入第二课堂里，从文化价值、利益原则、理想信念三个方面对学生进行社会价值导向，强化世界观、人生观、价值观教育。理想和信念是人生的精神支柱，是群体团结的基础和纽带。以马克思主义理论为引领，组织青年学生深入学习马克思列宁主义、毛泽东思想；深入学习邓小平理论、"三个代表"重要思想、科学发展观；深入学习习近平新时代中国特色社会主义思想、党的十九大报告精神，不断领悟，不断参透，做到学有所得、思有所悟，注重把握好广大学生的世界观、人生观、价值观问题。理想信念是青年学生思想行动的"总开关"。习近平总书记反复强调，理想指引人生方向，信念决定事业成败，广大青年一定要坚定理想信念，没有理想信念，就会导致精神上缺"钙"。

（二）加强校园文化建设

校园文化是以师生为主体，以校内文化活动为主要内容，以校园精神为主要特征的一种群体文化。广义的校园文化涵盖十分广泛。它既包括物化的校园环境，诸如校园建筑的文化底蕴、校园纪念性标志物的历史昭示、校园景观的审美意味等等；又包括精神的文化氛围，诸如普遍认同的价值观念、道德风范；还包括学校的制度建设，诸如大学生行为规范、校园文明规则等等。校园文化既可以是有形的，以各种各样的建筑、景观、文化活动、行为规范等形式表现出来；又可以是无形的，体现在一个学校的学风、教风、校风之中。校园文化是高校中长期形成的，贯穿于学校生活的方方面面，具有各自特色的物质文化、精神文化和制度文化的综合体。

1.建设优良校风

加强校园文化建设，首先要树立勤奋、严谨、求实、创新的良好校风。

校风，指一所学校的风气，是学校师生员工在共同目标指引下，经过长期共同努力而逐渐形成的一种特有的风尚，由价值观念、思维方式和行为作风等要素构成。一个学校的校风，体现了这个学校师生员工的理想、情操、文化素养和德、智、体、美诸方面的综合素质，是衡量该校教育质量和精神面貌的重要标志。优良校风一旦形成，就具有巨大的同化功能、导向功能和激励功能，对青年大学生的思想观念，价值取向产生潜移默化的影响，在无形中支配和控制大学生价值判断、行为取向，使其朝着共同的方向和目标努力。因此高等学校应该把加强校风建设作为思想政治工作的重要内容，作为校园文化建设的核心。

优良校风的基本内容是勤奋、严谨、求实、创新。勤奋、严谨、求实、创新是创新人才所应具备的基本素质，高校应该塑造勤奋、严谨、求实、创新的风气，为人才脱颖而出创造条件。

培育优良校风进行正确价值观导向，在校园里形成健康的价值氛围，使学生的认识、评价、行为选择具有较高的自觉性。培育优良校风，要有宽松的民主的氛围，使学生能形成开放性思维模式，敢于创新，勇于求实。培育优良校风，还要有严格要求，严明纪律，使学生养成良好的行为习惯。培育优良校风是一个长期的任务，是一项系统工程，需要全校师生员工同心协力、共同努力、代代相传。

2. 积极开展社会主义精神文明创建活动

积极开展社会主义精神文明创建活动，引导青年大学生积极参与社会实践活动，是高校思想政治教育的重要途径。社会主义精神文明创建活动，要坚持以马克思列宁主义、毛泽东思想、邓小平理论、"三个代表"重要思想、科学发展观、习近平新时代中国特色社会主义思想为引领，社会主义精神文明创建活动要广泛吸收青年大学生参与。

社会主义精神文明创建活动，要有丰富多彩的内容。社会主义精神文明涵盖面极广，要深入开展大学生社会实践活动，让学生深入社会的角角落落，得到充分的锻炼。

社会主义精神文明创建活动，要采取灵活多样的形式，诸如努力建设优美文明的校园环境，开展丰富多彩的业余科技文化体育活动，创建文明班级、文明教室、文明宿舍，做文明大学生等等。

（三）加强教职工队伍建设

高校思想政治工作的主要载体是学工干部队伍。要加强学工队伍自身建设，提高他们的政治素质、思想素质和人格魅力，成为受学生欢迎的良师益友。

高校思想政治工作的另一主体是教职员工。思想政治工作的真正威力在于它的渗透性。要寓教于乐、寓教于智、寓教于管，思想政治教育才能收到事半功倍的效果。能担当此重任的正是广大的教职员工。深入开展教书育人、管理育人、服务育人的"三育人"活动，正是调动教职员工参与思想政治工作的好途径。不能片面认为思想政治工作只是学工干部的事，而要把三育人作为全体教职员工的根本任务。

深入开展三育人活动，首先要充分发挥教师的"三育人"主力军作用。要加强师德师风教育，调动教师教书育人的积极性，鼓励教师不仅要关心学生的学习，而且要关心学生的思想，不仅要育智，而且要育人，教育学生学会生存，学会学习，学会做人。

开展三育人活动，要全员参与、各司其职、各尽其责。学校的管理、服务方方面面都要承担起育人的职责。要提高管理人员和员工的素质，以高尚的情操、良好的职业道德和敬业精神感染和教育学生。要造成一种育人的氛围，使"三育人"活动深入人心。

（四）注重日常思想政治工作

高校思想政治工作既要有总体规划和宏观管理，又要做好日常思想政治工作。青年大学生的差异性，决定了个案教育的重要性。通过学工部门、辅导员、任课教师抓好学生日常思想政治工作，培养青年大学生的高尚品德和健康人格，是高校思想政治工作永恒的主题。

加强日常思想政治工作，培育高尚品德和健康人格，首先要引导青年大学生树立正确的自我意识、以点带面加强学生思想政治教育工作全覆盖。

1.通过建立党员工作站，发挥党员的"四个作用"

充分发挥学生党员凝聚带头、示范激励、渗透教育、桥梁纽带的"四个作用"，带动大学生思想素质的提升，切实起到"开展一项活动、带动一片教育"的活动成效，达到了"传帮带"的真正目的。

2."以点带面"开展有特色的志愿者服务

不断拓宽志愿者服务渠道，通过让学生走出校园走进社会、将思想政治教育的内容寓于活动之中，使青年学生在活动的参与过程中受到教育，提高觉悟，学生们通过参与志愿服务充分发挥了学生在志愿活动中的主体性作用，给学生们提供了想要锻炼自我和服务社会的内心需求，志愿者根据自身志趣和特长选择服务内容，极大地调动了学生参与的热情和积极性。

3.关注学生心理状况，提升学生心理素质

加强日常思想政治工作，培育高尚品德和健康人格，还要加强青年大学生心理素质教育。日常思想政治工作必须坚持解决思想问题同解决实际问题相结合。要倾听学生心声，了解学生情绪，关心学生生活，多做得人心、吸人心、稳人心的工作，把好事办实，增强教育实效。心理健康是保证学习良好进行的首要保证，通过把握毕业季和新生入学季两大时期，积极开展媒体宣传、排查干预、知识讲座等心理健康知识教育工作，强化心理健康知识；开放心理谈心室，安排专人值班，畅通宿舍—班级—学院、学生干部—辅导员—学院领导信息反馈渠道，帮助学生进行心理健康咨询，强化敏感时期学生思想状况调查和特殊人群思想动态掌握，实行院领导带班辅导员值班制度，及时了解和解决了学生群体中存在的实际困难。

学校的学生思想政治教育工作是一个系统工程。它不仅需要构造校内的系统，而且需要社会大环境的支持。加强经济法制建设，加强政府宏观调控，严格规范市场行为，及时排解普遍性社会问题，严惩腐败之风，抵制邪恶风气，在全社会形成正确的舆论导向，是青年大学生健康成长的必要条件，全面加强新时期大学生思想政治教育工作。

第二节 大学生思想政治教育有效性的实现途径

随着我国改革开放的全面深入，思想文化交流日益频繁，在这样的经济、政治、文化和技术等社会背景下，大学生的思想不断受到多方面的复杂的影响，因而，高校思想政治教育必须切实进行变革以适应新形势的要求，要不断增强大学生思想政治教育的吸引力、感染力和有效性。本文试图对大学生思想政治教育有效性的影响因素及实现途径作一探讨。

一、大学生思想政治教育有效性的科学内涵

要增强大学生思想政治教育的有效性，必须准确把握思想政治教育有效性的科学内涵，而把握思想政治教育有效性的科学内涵，首先要弄清思想政治教育和有效性这两个基本概念。

思想政治教育泛指"人类所有阶级社会共有的从思想政治品德上培养教育人的活动"，即"社会或社会群体用一定的思想观念、政治观点、道德规范，对其成员施加有目的、有计划、有组织的影响，使他们形成符合一定社会或一定阶级所需要的思想品德的社会实践活动"。特指"无产阶级从思想政治品德上培养教育人的活动"。

有效性作为一种价值属性的体现，是指"特定实践活动及其结果所具有的相应特性，且这种特性又是实践活动及其结果在与相应价值主体构成的价

值关系，即对相应主体需要的满足关系中所表现出来的。离开了实践活动及其结果的特定属性，有效性便没有了得以确立的根基；离开了特定的价值关系，有效性也同样无从谈起"。因而，大学生思想政治教育有效性则是指在一定的时空条件下，在大学生思想政治教育实践中产生效力和效用的特征，亦指大学生思想政治教育产生与出现正向结果的效能属性，主要表现为大学生思想政治教育活动对其预设目标的实现程度，其教育内容对大学生思想观念影响的深刻性、持久性，以及对大学生思想意识判别、选择、理解力等诸方面所产生的强化作用。

因此，在衡量大学生思想政治教育的有效性时，我们既要考察其达到思想政治教育者、社会所期望的教育目的程度，也要考察其符合满足大学生成才内在需要的程度，使目的性和需要性相统一。

二、大学生思想政治教育有效性的影响因素

（一）社会消极思想文化因素

当今世界政治多极化、经济全球化、文化多元化的发展趋势以及我国的经济社会发展特点共同形成的现实社会基本特征，对当代大学生这一成长中的社会群体带来巨大影响，高校思想政治教育面临更加复杂和开放的社会环境。首先，随着社会主义市场经济体制的建立，我国社会经济成分、利益分配、组织形式、就业方式以及人们生活方式日益多样化，人们的选择性、多变性和差异性日益增强，人们对现实政策的评判、对社会与个人前途的期望，也会随之发生巨大的变化。大学生是一个极易受外界影响的群体，对市场经济的负面作用分辩能力不强，价值观念中的趋利性比较明显。其次，随着我国对外开放的不断扩大和经济全球化进程的日益加深，各种思想文化相互激荡和资本主义意识形态大肆渗透，对处于具有强烈好奇心理和一定逆反心理年龄阶段的大学生产生了极其复杂的影响，使大学生的价值观念趋向于现实与功利；国内封建迷信思想也沉渣泛起，蛊惑与毒害广大大学生的思想与灵魂。这些消极影响在当代大学生思想中，主要体现为政治心理的不成熟和对传统道德观念的消解作用。

（二）思想政治教育观念因素

在对大学生进行思想政治教育的过程中，人们必须要对思想政治教育的对象、内容、价值、地位和如何实施等一系列问题进行理性的思考，并形成科学正确的观念。只有对这些问题有了正确的认识，形成了正确的观念，才

能够科学有效地开展大学生思想政治教育活动。如果形成了错误的观念，高校思想政治教育的地位只会削弱，大学生思想政治教育的作用只会降低，大学生思想政治教育的实效只会丧失。每一次高校思想政治教育实效的丧失，总伴随着社会时代精神的低迷。观念意识是实践的先导，开展高校思想政治教育实践，必须有科学正确的思想政治教育观念。

（三）思想政治教育工作者素质因素

高校思想政治教育工作者是指高校思想政治教育工作的领导者、管理者与实施者。他们的工作方法、原则、能力、态度和理论水平直接关系到大学生思想政治教育的成败。也就是说高校思想政治教育工作者的素质关系到大学生思想政治教育的实效。高校思想政治教育工作主体的素质，包括思想道德素质、政治素质、业务素质、文化素质、身体素质，直接决定了他们对于高校思想政治教育的目的、任务的正确认识，对高校思想政治教育规律的掌握，对高校思想政治教育责任的承担，对科学工作方法的运用，对高校思想政治教育对象的尊重与关爱，对高校思想政治教育精力的投入。这一切恰恰是实现高校思想政治教育实效的必备条件。

（四）大学生自身的人生价值观念因素

大学生思想政治教育过程实际上是高校思想政治教育者与教育对象之间信息互换和互动的过程。这一过程优化的结果，实际上也是高校思想政治教育实效实现的结果，就是教育对象接受并认同了思想政治教育者所传输的科学、正确的信息；或是教育对象通过受教育而提高了道德接受能力，从而能够自觉地摒弃各种错误甚至反动信息。这个优化过程的条件，一是思想政治教育者所要传输的信息必是先进和科学的；二是教育对象本身所具备的人生价值观念必须是积极的和进步的。大学生思想政治教育是一项特殊的社会实践活动，其特殊性在于教育对象同样具有主体性，在思想政治教育实践活动中，大学生往往根据自身所具备的人生价值观念对教育者传输的信息进行选择、评判、认同、接受，或者因为自身价值观念的迷失而产生抵触情绪与逆反心理，从而引起对思想理论的拒绝和教育结果的背离。忽略教育对象本身所具备的人生价值观念的思想政治教育实践必然缺乏针对性，很难体现实效性。

（五）思想政治教育方法的整合性因素

思想政治教育方法，就是为了实现教育目标、传递教育内容，是教育者对受教育者所采取的思想方法和工作方法。长期以来，经过广大思想政治教育者的共同研究和探索，思想政治教育形成了一系列方法，比如：灌输法、疏导法、激励法、自我养成教育法、心理咨询方法等等。但在思想政治教育实践中，思想政治教育方法没有进行有机整合，结果造成在对一种方法的进行肯定时，则对其对应的方法进行简单的否定；在批判某种方法不足的时候，结果造成对该方法的全盘否定。因此，在大学生思想政治教育中，问题不在于坚持和采用了多少与什么样的教育方法，关键在于能否发挥教育者和教育对象的主体性，能否将所坚持和采用的方法有机整合起来。

（六）思想政治教育有效性的不确定性因素

从思想政治教育有效性的存在方式看，思想政治教育的有效性往往体现为显性效果与潜在效果同有，直接性与间接性并存，而间接、潜在的思想政治教育效果向显性效果的转换，其界限和时机是不确定的，因此，思想政治教育的有效性表现为一种不确定性的存在；从思想政治教育有效性的产生方式看，思想政治的"教育"与"效果"之间并非总能一一对应地及时体现出来，往往因果关系错综复杂，因此，思想政治教育的有效性表现为一种不确定性的发生；从思想政治教育有效性的程度看，思想政治教育的有效性体现为一个为渐次递进的效果区间，这个区间的下限是受教育者认同接受了教育者所传授的基本观点和相应知识，其上限表现为受教育者对这种思想政治观点所包含的世界观、人生观、价值观在行为上的自觉实践。因此，高校思想政治教育的有效性对大学生个体而言，是一个"效果区间"，而不是某一固定点，其有效性是流动的，也是不确定的。

三、增强大学生思想政治教育有效性的实现途径

（一）以人为本，确立以学生为主体的教育观念

要使大学生真正把教育者的思想政治观点内化为自身的品质，就要确立以学生为主体的教育管理观，使学生真正成为学习的主体，充分发挥学习的主体性，以人为本，确立学生在思想政治教育中的价值主体地位。思想政治教育要关注、研究和解决学生的思想心理矛盾，寻找有针对性的教育主题，协调和保持大学生思想多样性的平衡，为学生成长提供全方位的服务，满足学生的需求。人本性特征既是政治性特征的内在要求，又是它的延伸和具体化，是对政治性特征的必要补充与展开。必须突破思想政治教育政治性特征传统认识的瓶颈，从理论和实践两个层面上把思想政治教育的政治性特征和人本性特征有机统一起来，从根本上解决思想政治教育价值取向的矛盾，使大学生思想政治教育焕发出生机与活力。

（二）构建全员育人的机制

进一步强化"全员育人""全程育人"理念，把大学生思想政治教育贯穿于学校教育和工作的全过程和各方面。广大教师要以高度负责的态度，率先垂范，言传身教，以良好的思想、道德、品质和人格给大学生以潜移默化的影响。把思想政治教育融入大学生专业学习的各个环节，渗透到教学、科研和社会服务。建立平等、和谐的师生关系，实现情感育人，让教师成为学生的良师益友，成为学生在人生路上的明灯和充满人格魅力的精神导师。深入学生的微观心理世界，对他们的个人生活、人际关系问题进行个性化指导，引导他们养成积极向上的生活态度，培养健康的心理素质。了解学生，理解学生，信任学生，及时解决学生的实际问题，才能进一步增强思想政治教育的有效性。

（三）科学确立大学生思想政治教育内容

首先，大学生思想政治教育内容要与大学生的日常生活及利益需要相契合。在教育内容设置上尊重、关心大学生的利益需要，并满足大学生合理的个人需要。这就要求大学生思想政治教育的内容一方面要体现大学生的价值认同，大学生思想政治教育追求的是一种道德行为和道德境界，这是价值认同最崇高的阶段。另一方面要以"价值认同"制约"利益认同"，使大学生思想政治教育的最终目的落实到价值的实现上来。

其次，大学生思想政治教育的内容要与大学生认识理解思想信息的次序相契合。思想政治教育对大学生提出的要求是大学生的外在东西，这些要求只有被大学生所内化才起作用。任何一个大学生，对思想信息的接受总有其内在的序列。因为大学生的成长成才是一个不断发展的过程，在不同的成长阶段和不同的成长环境中，大学生所表现出来的接受特征和所适宜的接受序列是不同的，因此，教育者要根据大学生的具体接受特征将教育内容以一种最佳的结构组织起来，这样才易于被大学生所接受，教育才是最有效的。

（四）加强思想政治教育理论课的建设

高校思想政治理论课教学是大学生思想政治教育的重要组成部分，是对大学生进行系统马克思主义理论教育的主渠道和主阵地，它关系到为谁培养人和培养什么样的人的问题。加强和改进教学，提高思想政治理论课育人的针对性、吸引力、感染力和有效性，充分发挥思想政治理论课在育人中的作用，意义重大。改进教学，要突出以人为本的理念，不仅是为了知识而教学，而是为了人的发展而教学。学生在课堂中应有自己思维与活动的时间与空间，学生在学习中将体验与兴趣结合起来，将自己的方法、价值观与知识的获取结合起来。寻求改变课堂教学的新模式，在不断更新教学内容的同时，革新教学方法，用灵活的教学形式、教学手段来组织教学。加强思想政治理论课实践教学，扩大课堂空间，引导学生学会分析问题，掌握正确的立场、观点和方法，主观能动地认识社会、认识人生，提高思想政治修养和实现自我教育的目的。

（五）把思想政治教育和解决大学生实际问题相结合

思想教育要取得实效，必须把解决思想问题和解决实际问题结合起来，把思想教育贯穿于为学生办实事的过程之中。目前大学生正面临严峻的就业问题，往往会在思想上产生困惑、感到迷茫，以致行动上不知所措。因此，大学生思想政治教育必须同学生的成才需要相结合，抓好对学生的就业指导与就业教育，把学生的就业教育与学生的整体素质教育结合起来，使他们在面对纷繁复杂的社会现象时，能保持清醒的头脑，提高正确地分析形势和认识问题的能力，把握时机，实现自我；完善大学贫困生的助学制度，关心贫困生的学习、生活和心理健康，为他们的成才和发展提供强有力的帮助；加强心理健康教育，要注重培养大学生良好的心理品质和优良品格，增强克服困难、经受考验、承受挫折的能力，引导大学生健康成长，提高思想认识和精神境界。

（六）加强网上思想政治教育阵地的建设

网上思想政治教育阵地的建设最重要的是要坚持思想政治教育的正确舆论导向。一是要加强思想政治教育网站建设，通过网络的互动信息平台，建设网上政治教育阵地。使大学生可以就政治认识、政治评价和政治态度方面发表自己的观点和看法，并针对某些问题展开进行讨论，在讨论中我们表明正确的立场、观点，宣传党的路线方针政策，解决大学生的思想问题。二是加强网络引导与教育，提高大学生的信息识别能力。让大学生懂得在互联网这个知识宝库中到底能做些什么，如何挖掘宝藏，如何与自己的专业相结合等。提高大学生处理信息、分辨信息、选择信息、综合利用信息的能力。提高大学生的网络素质与网络技能，引导大学生真切感受充满挑战和机遇的网络世界，激发学生的上进心和创造性。促使大学生自觉树立网络自律意识，遵守网络道德，培养和提高大学生自觉抵制有害信息的意识和能力。同时，还必须加强对大学生进行网络法制的教育，使其具备网络法制意识、树立正确的网络法律政治观念。在大学生的网络引导教育中，做到理论上指导、思想上启迪、生活上关心，使大学生走积极、健康的成才之路。

第三节　大学生思想政治教育中的传统文化因素分析

一、传统文化现状及当代大学生文化缺失现状

当今，中华民族的传统文化正受到猛烈的冲击，主要表现在：经济发展迅速，物质发展达到了一个空前的高度，特别是我国改革开放的三十多年来，中国正逐步走向一个经济大国的道路。我国人民普遍存在这样一个缺陷，就是文化的缺失，人们对物质的追求日益激烈，然而却对自身的修养漠不关心，人们从意识上就已经淡漠了传统文化，更别提主动去求取中华民族传统文化的精华所在了。

据统计，现在有很多大学生，不管是在心理上，还是在思想上，都普遍对我们中华民族的传统文化具有认同感和赞美感，并且在日常学习生活中，也很愿意遵循传统文化。但是，大学生对传统文化的认知大多数是来源于课本之外以及父辈祖辈的教导。由此可见，针对大学生思政教育中关于传统文化的部分还没有得到落实。而且，虽然大学生在心理上和思想上普遍认同中国传统文化，但是在实践的学习中依然显得关注度不够，很多学生表示愿意接受传统文化的洗礼，但是却不能够主动的以一个积极的态度去主动学习，当代大学生在传统文化的认知上还存在一些偏差，另外有很大一部分大学生对自己的人生没有规划，也不能深刻体会到传统文化对自己身心发展甚至自己人生规划的一个积极的影响，这些都是当代大学生的一种文化缺失的表现。

二、当代大学生思想政治教育优秀传统文化缺失的原因

（一）多元化价值观念与市场经济的冲击

随着社会的迅猛发展，人们的生活条件发生了巨大变化，市场经济的发展为人们带来了丰厚的物质条件；社会开放程度的提升，使人们的视野更开阔；网络技术的开发，让全世界的距离缩短成为"地球村"，信息流通加速，人们可以足不出户了解天下大事。

但是，在社会发展为人们带来好处的同时，也带来了负面影响。由于经济全球化的发展，世界各国各种观念和文化涌入中国，加上便利的传播途径，很容易冲击人们原有的价值观念。大学生正处于思想不成熟阶段，看问题不够全面，容易被新鲜事物影响，形成偏激的想法，导致大学生忽视我国传统文化的优势，在价值观上发生扭曲。市场经济的发展，使贫富差距拉大，物

质至上的观念在大学生中横行，物欲淹没了良知，中国的传统文化被多元化的思潮挤压的没有生存空间。

（二）新兴媒体的影响

当今时代是网络时代，大学生获取知识和信息离不开网络，新兴媒体的快速发展为大学生提供了一个新的学习和交流的平台。新生代大学生往往站在科技信息时代的前沿，接受各种信息的冲击，由于缺乏辨别能力，就有可能出现是非混淆的情况。

总之，新媒体的发展给大学生的学习和生活方式带来极大的改变，大学生通过新媒体接触到了各种思想和观念，但是传统文化的教育并没有搭上"新媒体"这辆直通车，没有适应通过先进的传播方式对大学生进行教育，导致新兴媒体发展后，传统文化教育缺失加重。

（三）高校对优秀传统文化的忽视和思想政治课教育模式弊端突出

随着科技的快速发展，"科学技术是第一生产力"的论断更是让高校对大学生的教育从侧重人文教育逐渐向科技教育转化。高校的主要教学目标就是就业率，所以更倾向于培养适应时代需要的科技人才，在课程设置和培养方向上，都会存在倾斜，对大学生人文学科的教育不够重视。即使开设大学生传统文化课程和思想政治理论课，也没有在改进教育模式上下功夫，高校教师也多以照本宣科和灌输式的教学法进行教学，让一门与时代发展紧密相连、与学生生活密切相关，关系到大学生的健康成长的学科成为摆设，不能引起大学生的兴趣，更不能起到应有的作用。

（四）优秀传统文化融入大学生思想政治教育的方法陈旧

对大学生进行优秀传统文化教育的关键在于对其认同感的培养，但是目前部分高校在对大学生进行传统文化教育时，因为没有深入考察其概念、范畴、观点的实质内涵，而且"说教式"教育方式难以调动大学生对中国优秀传统文化学习的积极性、主动性。具体表现在：首先，由于学习活动载体设计方面缺乏针对性，不能密切联系学生学习、生活实际，严重地制约了参与优秀传统文化学习活动的热情；其次，由于没有深入调查研究而缺少亮点、重复率高，在具体活动开展过程中重承诺、轻实践，创造性不够，导致教育效果不佳。

（五）大学生自身对优秀传统文化及思想道德教育的认识不够

除了外在原因，大学生自身对优秀传统文化的态度也存在问题，大学的主要任务是学习专业知识和增加自身修养，在社会就业压力较大的今天，多数大学生往往只关注前者，认为更加务实，自觉忽略后者。但是，大学生走上社会面临的是复杂的社会形势，没有坚定的理想信念、政治素养和合作精神就很容易在社会中碰壁，影响自身的发展和进步。可见，加强大学生优秀传统文化教育及思想政治教育十分必要。

当前，我国正处在社会转型期，特别容易被各种复杂的外部因素所影响，随着带来的种种问题，越来越凸显。这些问题严重危害着大学生身心健康，努力提升大学生与优秀传统文化的融合就变得尤为重要，需要全社会的共同努力。只要我们共同奋斗，就能塑造出具有优秀传统文化的当代大学生。

三、大学生思想政治教育与中国传统文化结合的必要性

（一）传统文化具有积极的育人功能

中国传统文化源远流长，博大精深，深深影响着我们民族的社会生活和人民的精神风貌，对中国人人格的塑造起到重大的作用。需要指出的是，文化虽然为人类所创造，但它反过来却有塑造人、培养人的功能。从根本上说，人类所受的教育，也就是文化的教育，中国传统文化也不例外。孔子早就熟悉到这一点。《论语》载：（孔子）尝独立，鲤趋而过庭。孔子问道，学《诗》了吗？孔鲤回答说，还没有呢。孔子说，不学《诗》，你就无法与人沟通。于是孔鲤退而学《诗》。另一天，孔子又独自站在堂上，鲤趋而过庭。孔子又问：学《礼》了吗？孔鲤回答说，还没有呢。孔子说，不学《礼》，你就无法立身。于是孔鲤退而学礼。《诗》《礼》都是我国古代重要典籍，孔子深知它对于塑造人格品德的重要性，故一再指点孔鲤学《诗》学《礼》。利用中国古代的文化典籍教人育人，这可以说是孔门道德教育，亦即今天所说的思想政治教育的一个特征。此后的儒家皆继续孔子这一以中国传统文化育人的做法，于是便形成了中华民族十分重视以传统文化教人育人的传统。也正是我们民族文化的健康、积极、向上，它才孕育了我们伟大的民族精神和向上的国民品格，故中华民族虽历经磨难而不屈，受尽曲折而后强。

（二）传统文化是思政教育的重要资源

当前我国正处于社会转型时期，在社会主义市场经济体制下，伴随着世界经济全球化、西方工业文明进步带来的种种冲击，当代大学生思想政治教育靠以往政治化、激进化、简单化、口号式的宣传说教已无济于事，必须创新，而这种创新则要将其植根于中国传统文化的土壤之中，培养本土化的国

风和民俗，因此说从中国传统文化中挖掘思想政治教育资源是趋势使然。

首先，中国传统文化的人生理想着眼于理想人格的塑造，可以为我们培养健康向上的人生理想提供深刻的启迪。在中国传统文化中注重自我完善，反对人为物累，提倡以苦为乐，主张义利统一、情感欲望与理性精神统一等都可以为当前思想政治教育提供有益的借鉴。

其次，中国传统文化的人生态度以乐观主义人生哲学为基础，提倡自我精神，有利于我们建立健康的生活方式。传统文化认为人完全可以靠自身的善性和能力不断超越自我，这种强调主体意识、积极向上的人生态度正是我们今天提倡自主精神的社会所需要的。

最后，中国传统文化在道德修养上，肯定主体自觉，强调道德践履，这为现代思想政治教育在方式、方法上的创新提供了借鉴。

（三）传统文化是中国特色社会主义文明的重要根基

思想政治教育为何要继承和发扬民族优秀传统文化，也是因为我们所要建构的社会文明是有中国特色的社会主义文明，它必须具有自己独特的文化底蕴和内涵。民族的形式，社会主义的内容，这就是我们所要建构的社会主义文明。众所周知，中国特色社会主义现代化建设是中华民族的共同理想，而中国特色的现代化建设与中华民族传统文化的继承和发扬密不可分，这已为所有实现现代化国家的历史所反复论证。世界历史表明，任何国家的现代化都不可能从一个社会的外部向内部作直接的嫁接和移植，它只能从自身文化背景的创造性转移中有机地、合乎规律地生长出来。

四、大学生思想政治教育与中国传统文化结合的可行性

（一）学习传统文化中政治思想，深化大学生对当代政治的认知

创新大学生思想政治教育，要力求把握党的指导思想的历史性与传承性，从历史和文化的角度帮助学生正确认识科学发展观的时代背景、实践基础、基本内涵和历史地位。组织学生借鉴传统文化中"民为贵，社稷次之，君为轻"的民本思想、"等贵贱，均贫富"的平等诉求，"天下为公"的政治理念、"以和为贵"的和谐意识、帮助学生深刻理解科学发展观所倡导的"以人为本""全面、协调、可持续发展"和"建立和谐社会"的历史和文化内涵；坚持把历史教育和思政教育融合起来，引导学生深刻认识只有在中国共产党领导中国人民进行为民族求解放、为大众谋利益的革命和建设过程中才真正实践和升华了这些政治思想；不断深化学生对当代政治的认知、引导他们更深入地理解党的路线、方针和政策，把爱祖国、爱人民同爱党、爱社会主义统

一起来，自觉抵制西方敌对势力"西化""分化"的政治图谋。

（二）发挥传统文化的熏陶功能，以经典讲授为途径，找准思政教育切入点

中国优秀传统文化可以作为大学生思政教育的切入点，将其寓于教育之中，充分发挥文化渗透性强、影响持久以及形象、生动等特点，这样会使思政教育更加生动活泼，更能贴近大学生的思想和生活实际，更易为青年学生所接受，使学生在受到传统文化熏染的同时，更能接受到良好的道德修养和高尚的理想情操教育，有效提高教育工作的吸引力和有效性，扩大思政教育影响。比如：大学新生进入大学后往往暴露出很多问题，面对宽松的环境，有些学生丧失了学习的计划性，有些学生不懂得处理人际关系，难以面对集体生活，有些同学会因为学习方法不适应、压力大引发心理问题等等，如何解决好这些问题，让新生尽快适应大学生活是大学思政教育的重要课题。积极尝试将优秀传统文化带人大学新生课堂，将《三字经》《论语》《孟子》等经典篇章讲授给学生，把其中蕴含的人伦教育、人格教育、价值取向、思维方式、行为准则讲授给学生，让中国优秀传统文化的魅力取代单纯的道德说教，让学生在进入大学校园后心里树立一个做人的"规矩"，做大学生的"规矩"，引导大学生更好地适应大学生活。这样既弘扬了优秀传统文化，又增强了大学思政教育的实效。

（三）传统文化坚持的人文导向，强化学生主体意识，创新思政教育方式方法

中华文化追求"至善至美"的理想人格，为理想而"上下求索"的奋斗精神，"富贵不能淫，贫贱不能移，威武不能屈"的"大丈夫"气节，"先天下之忧而忧，后天下之乐而乐"的志士情怀，构成了我们民族的人文取向，为大学生提供着理想人格的目标或典范。同时古代知识分子在提高人文道德修养上注重"内省"，主张通过自身的体验而体验到快乐。"顺自然而以人为本，顺人伦而以和为本，重体验而以乐为本"正是传统人文精神的体现。因此，我们在思政教育实践中要传承和弘扬这些优秀的民族文化，从文化价值和精神层面加强深层教育，重视学生的主动性和创造性，唤起学生的主体意识，培养个体的独立人格，提高受教育者的参与程度，由消极被动地接受教育转变为积极主动地自我教育，增强学生的自律能力，培养学生"穷则独善其身，达则兼济天下"的济世情怀，塑造学生健全人格，匡正学生行为规范，不断提高自身的思想、道德修养。

（四）秉承传统文化的教育功能，以节庆仪式为载体，构建思政教育实践平台

节庆仪式教育是一种独特的社会性学习过程，它所体现、承载、传递的特定价值观念，可以对仪式参与者产生明显的价值导向作用。高校思政教育的根本目的，就在于培养大学生形成符合时代要求的、成熟的价值观和行为习惯，帮助大学生完成社会化，因此，高校可以通过节庆仪式的策划、组织、实施，开展大学生思政教育，这无疑具有特殊的作用。那么与传统文化相联系的节庆教育又有哪些呢？如春节、元宵节、清明节、端午节、中秋节及重阳节等，另外一些少数民族特有的文化习俗和传统节日也是节庆文化的重要组成部分，以这些节庆为主体开展仪式文化教育，有目的地引导学生从最初的模仿、学习、自我约束，再到以后学习成长道路上的继续升华和强化，这样既弘扬了爱国主义精神，也塑造和培养了大学生的健全人格和积极的社会责任意识，为构建和谐校园文化、推进民族情感交流、凝练时代主体精神及建设社会主义核心价值体系等方面都发挥着不可替代的作用。

总之，随着我国经济的起飞，综合国力的日渐提高和人民生活水平的改善，重视传统文化已成必然。从历史的维度看，也没有一个经济上处于强势的国家是蔑视自己国家文化传统的，英法是这样，俄罗斯也是这样，再者我国自改革开放以后，弘扬传统文化也已成为从中央到地方的共识，在这种情况下，承担大学生思想政治教育工作的我们假如不能解放思想，依然把中国传统文化同国家的现代化加以对立，不能把中国传统文化的教育纳入到我们新时期的思想政治教育中去，那我们就要犯历史性的错误，罪不容恕的。

第四节 大学生思想政治教育价值发展的当代趋向

一、个体价值由工具性向目的性发展

当今，大学生思想政治教育以发展大学生本身为目标指向，在发展集体价值的同时充分发展个体价值，凸显了个体价值的时代地位。个体价值由工具性向目的性发展是当代大学生思想政治教育价值发展的重要方向之一；当代大学生思想政治教育通过引导大学生政治方向、激发大学生精神动力、规范大学生思想行为、塑造大学生健全人格等全面发展其个体价值。

（一）引导大学生政治方向

所谓政治方向，是指政治的价值取向、阶级指向，是政治理想、政治信

念、政治立场、政治态度、政治品质等的综合体现。政治方向对个人的政治思想和政治行为发挥精神支柱作用，是个人政治素质的核心组成部分。大学生思想政治教育引导大学生的政治方向是大学生自身成长的客观需要。"广大青年学生有爱国心和正义感，满腔热情，对新事物十分敏感，这是你们的长处。但同时也应看到，你们身上也存在缺乏实践锻炼和政治经验的弱点。"这即是说，青年大学生政治上不够成熟，在其成长中需要加以方向引导。引导大学生政治方向，理想信念教育是根本。

（二）激发大学生精神动力

大学生"是具有意识的、经过思虑或凭激情行动的、追求着某种目的的人"，"他的行为的一切动力，都一定要通过他的头脑，一定要转化为他的愿望和动机，才能命令他行动起来"。这种"愿望是由激情或思虑来决定的。而直接决定激情或思虑的杠杆是各式各样的。有的可能是外界的事物，有的可能是精神方面的动机，如功名心、'对真理和正义的热忱'、个人的憎恶，或者甚至是各种纯粹个人怪癖"。这就是说，大学生行为受物质或精神的动机与愿望支配，受内在精神动力的驱使。青年时期是人生的特殊发展阶段，处于青年时期的大学生需要欲求异彩纷呈，理性认知活跃敏锐，情感世界丰富多彩，参与行为充满青春活力。大学生有多方面的物质需要，同时也渴望智慧与理性，还富有激情，无论是物质的需要还是智慧、理性或激情的渴望，都是"加工"大学生精神动力的上等"原材料"。坚持物质激励，是因为"人们奋斗所争取的一切都和他们的利益有关"。"如果只讲牺牲精神，不讲物质利益，那就是唯心论"。并且，"思想一旦离开'利益'的需要，就会使自己出丑"。坚持精神激励，在于马克思主义是真理。以马克思主义的真理说服大学生，武装大学生，发动大学生；同时充分融入关心爱护大学生的真挚情感，为大学生树立榜样与目标，实施激励，教化感化大学生，对催生大学生巨大的精神动力发挥着关键作用。

（三）规范大学生思想行为

大学生思想政治教育对大学生的思想、行为具有规范性：肯定符合大学生思想政治教育方向、目标的思想和行为的正确性；界定偏离大学生思想政治教育方向、目标的思想和行为的不合理性；排除冲击大学生思想政治教育方向、目标的思想和行为的干扰性。大学生思想政治教育之所以具有规范大学生思想行为的价值，在于大学生思想政治教育本身具有方向性、规范性。为了培育人才，实现教育目的，在教育实践中对大学生提出一系列规范性要求，开展理想教育、道德教育、法纪教育等具有规范意义的教育，促进大学生思想与行为健康发展。大学生接受思想政治教育，参与社会实践，进行社会化的过程实际上就是在坚持社会导向的前提下，认识、理解、接受社会规范，掌握社会"游戏规则"的过程，实际上就是大学生思想政治教育实现规范大学生思想行为价值的过程。

（四）塑造大学生健全人格

人格就是指做人的资格，是指人在世界万物中的格位，是人之为人的格式与标准。马克思曾深刻地指出："一特殊的人格的本质不是人的胡子、血液、抽象的肉体的本性，而是人的社会特质。"根据马克思主义的观点，人格是在一定社会实践过程中的人的个人心理和行为特质的总和，它包括政治、道德、心理、情感、智慧等诸多方面，渗透着意识形态、价值观念、文化传统、社会生活等因素的影响。健全人格主要指一个人人格所包含的诸多方面得到全面、充分的发展，构成协调、健康的系统，符合时代发展要求和人的本质发展需要。塑造健全人格关系大学生的全面发展，关系大学生对社会进步的意义与价值。历史与现实都一再表明，大学生要实现人生理想，有所作为，必须全面发展，不能单向度地发展"智体"的工具理性，还必须重视"穗"的价值理性，也就是必须具备健全的人格。健全人格的塑造靠教育，大学生思想政治教育以其"内化—外化"的知行转化机制为机理，通过推动大学生把社会要求的思想政治品德规范内化为信念、外化为行为的反复实践，塑造大学生健全人格，体现出显著的价值性。

二、集体价值由一元向多元发展

伴随着社会多元化的发展，当代大学生群体的社会组织方式日益多样，大学生群体的成员组成更加复杂，开展集体教育的方式方法更加多元。这就是说，当代大学生思想政治教育所面临的社会环境、集体氛围、个体心理等与过去相比都发生了深刻变化。这些变化客观上要求改变大学生思想政治教育固定在集体中开展的模式，以更加多样的形式开展工作，实现大学生思想政治教育实践的当代发展。立足大学生思想政治教育的实践发展，当代大学生思想政治教育价值改变过去实现集体目标的一元化存在，在实现集体目标之外进一步发展了指导大学生群体心理、调节大学生群体行为、丰富发展大学生群体的青年文化等方面，呈多元化格局。

（一）指导大学生群体心理

所谓大学生群体心理，是指大学生群体成员在群体活动的相互作用中形成的整体心理氛围，它包括大学生群体的需要、情感、情绪、动机、信念等。了解和把握大学生群体心理，是有效开展大学生思想政治教育的前提和基础。大学生思想政治教育之所以具有指导大学生群体公理的价值，关键在于当代大学生思想政治教育实现集体目标的方式方法发生了变化。当代大学生思想政治教育不再局限于灌输、说教等传统方式，而是在教育中遵循以大学生为本的原则，创新教育方法，充分尊重大学生的需要、愿望、兴趣、心理等。当代大学生思想政治教育的实践表明，从一定意义上讲，谁把握了当代大学生群体心理，谁了解当代大学生群体的需要，谁代表了当代大学生群体的利益，谁就能影响当代大学生群体的思想和行为。因此，当代大学生思想政治教育迫切需要运用心理学等有关理论知识，把握和指导大学生群体心理，实现大学生思想政治教育的应有价值。

（二）调节大学生群体行为

思想是行为的先导，行为是思想的外在表现；思想是"隐在"的，而行为是"显在"的；有什么样的思想状况，就会有什么样的行为表现。在一个大学生群体中，大学生个体的思想状况往往千差万别，反映到行为上就参差多态。当代大学生思想政治教育培养教育大学生，不仅要培养塑造大学生的正确思想，而且要规范调节他们的行为，实现大学生思想行为状况与社会、集体要求之间的协调一致、良性互动。从普遍的意义上讲，调节大学生群体行为，重点在于把握好统一大学生行为导向、增强行为动力、加强行为规范控制等关键环节。统一行为方向，就是通过教育帮助大学生增强对党和国家的路线、方针、政策的理解与领悟，引导群体成员心往一处想，劲往一处使。增强行为动力，就是运用说理、激励等多种手段充分调动群体成员的主观能动性。加强行为规范控制，就是要对正面积极行为进行鼓励，对负面消极行为进行规范，确保协调一致。

（三）丰富发展大学生群体的青年文化

"青年文化从本质上讲是主体文化的有个性的附属，是与传统主体文化相连的分支文化，是介于青年与社会，社会与主体文化之间的桥梁。"青年文化由一代代青年人创造、发展，同时也哺育着一代代青年。青年文化是对青年价值观念、思想行为的生动表征。通过青年文化，能架起联系、沟通青年的桥梁。当代大学生思想政治教育在发展中充分重视运用青年文化推动大学生思想政治教育的实践发展，这种实践反过来又进一步丰富和发展青年文化，有利于大学生思想政治教育集体价值的实现。在现实中，很多高校把开展思想政治教育与校园文化建设有机结合起来，以优秀的校园文化、良好的思想政治教育培育青年大学生，提升他们精神境界和素质。实践一再表明，大学生思想政治教育与青年文化之间互动发展。

三、社会价值由片面向全面发展

改革开放以后，大学生思想政治教育得到健康发展，政治、经济、文化价值得到全面的发挥和提升。

（一）社会政治价值的发展

在新旧历史时期，政治的时代内涵不尽一致。就国际政治而言，冷战时期集中表现为社会主义与资本主义两大阵营之间的矛盾对抗与相互斗争，在和平与发展成为时代主题的新时期集中表现为全球范围内资本主义与社会主义两种制度、不同国家的并存竞争，即在经济、文化等方面既全面交流合作，又矛盾斗争。就国内政治而言，改革开放后，我国政治的集中表现是以经济建设为中心，发展社会生产力，是一种建设的政治、经济的政治。大学生思想政治教育为社会政治服务，实现社会政治价值。这必然要求大学生思想政治教育政治价值实现价值发展。新时期，大学生思想政治教育政治价值主要在于帮助青年大学生正确理解、坚持、贯彻党的基本路线和方针政策，投身以经济建设为中心的现代化事业，为现代化建设做出贡献。实现这样的价值，大学生思想政治教育要坚持"建设的政治、经济的政治"的时代取向，为贯彻党的路线方针政策，建设中国特色社会主义发挥政治保障；要坚持教育大学生，以和平与发展时期的新型政治观引导大学生成长为当代"政治人"；要坚持解放思想、实事求是、与时俱进，紧跟时代发展的步伐，不断提升价值品位。

（二）社会经济价值的发展

所谓大学生思想政治教育的经济价值，就是大学生思想政治教育服务于经济建设，促进经济发展的价值。改革开放前，人们一度在认识上对经济与政治的关系有一定的偏差，未能很好地处理经济建设和政治的关系，大学生思想政治教育的经济价值没有得到很好体现。其实，"物质可以变成精神，精神可以变成物质"，"代表先进阶级的正确思想，一旦被群众掌握，就会变成为改造社会、改造世界的物质力量。"大学生思想政治教育向大学生传播的思想理论、道德观念，作为一种精神力量，为大学生参与物质文明建设提供思想保证、精神动力，从而转化为建设社会主义的物质力量。同时，大学生思想政治教育通过引导大学生树立与市场经济发展要求相适应的观念与意识，帮助大学生化解一些关于经济生活的思想矛盾与困惑，创设良好的舆论环境和社会风气等，参与社会经济调节，促进经济发展。总之，大学生思想政治教育通过传播先进理论，倡导高尚道德，为经济发展提供正确的价值导向、良好的社会环境，充分调动青年大学生参与经济活动的积极性、主动性和创造性，从而在促进经济发展中实现经济价值。改革开放以来，随着经济建设的蓬勃发展，大学生思想政治教育服从和服务于社会主义现代化建设需要，其经济价值得到了空前的发展。

（三）社会文化价值的发展

在建设中国特色社会主义的历史进程中，大学生思想政治教育以提高青年的思想道德素质与科学文化素质为目标追求，通过文化选择、文化传播、文化创造体现其文化价值。所谓文化选择，是指大学生思想政治教育以其特有的政治导向、价值识别功能对社会文化进行过滤、筛选，对与社会主导意识形态价值导向相一致的给予肯定、接受，纳入自身的内容体系与教育轨道；对于与社会主流意识形态不相符合的文化内容给予排斥、抗拒，清除其对大学生的侵害。所谓文化传播，是指大学生思想政治教育在把社会所要求的思想观念、道德规范等传播、教育给大学生，以促成大学生形成合乎社会需要的思想品德的过程，本身也就是在传播文化。因为一定的思想观念、道德规范本身就属于一定的政治文化、伦理文化。并且，当代大学生思想政治教育在实践中倾向于与社会文化活动同台共戏，相互渗透，融为一体，从而进一步突出了其文化传播的时代价值。所谓文化创造，是指大学生思想政治教育对于促进社会亚文化、特别是青年文化的发展有重大作用。大学生思想政治教育作用于青年大学生，通过引导他们的思想文化观念，规范他们的行为，创设良好的文化交流，整合价值取向，增进文化认同等等，为青年文化及社会文化的新生和发展创造条件。

第二章 高校思想政治工作创新现状及其分析

第一节 高校思想政治工作观念及内容创新

一、高校思想政治工作观念创新

观念创新在人类和社会发展中起着极为重要的引导作用。高校是构成社会的一个重要元素，要构建社会主义和谐社会就必然对高校思想政治教育工作的观念创新提出新的要求，因此，高校思想政治教育工作必须要与构建社会主义和谐社会保持统一，而当前高校面临的一个重大问题就是思想政治教育的观念创新问题。由于社会的转型，各方面矛盾的突显，使得高校的思想政治工作面临空前的压力。如何在错综复杂的社会背景下构建以科学发展观和社会主义核心价值观体系为指导的高校思想政治教育工作，成为高校思想政治教育工作观念创新的重要课题。

（一）高校思想政治教育工作观念创新的必要性

观念是创新之本，失去创新的观念，如无本之木，无源之水。思想观念能否创新，直接决定着思想政治工作能否创新，从这个意义上说，思想观念创新是思想政治工作创新的基础和前提。因为人类的行动受到意识的引导，观念往往决定了人们所选择的行为方式和努力角度。思想政治工作始终是一项极其重要的工作，也是我们党长期保持生机与活力的根本原因。但近年来，随着社会主义市场经济体制的建立和发展，一些地方的思想政治工做出现了滑坡的趋势，虽然花费了大量的人力、物力和财力，但并没有收到预期的效果。之所以如此，我们认为是人们有意无意地固守着思想政治工作的传统思维和方法，没有抓好思想政治工作的观念创新。

对于思想政治工作，人们习惯的以为就是单纯的知识灌输和道德说教。

实际上，这仅仅说明了传统的思想政治教育工作主要是通过灌输和说教的方式进行的，我们并不能由此推论出思想政治工作本身就必须只是知识灌输和道德说教。在以前相对简单的社会环境中，灌输和说教能够发挥作用。而在目前的社会主义市场经济大背景下，社会环境、家庭状况、个体的思想观念和行动方式都发生了很大的变化。如果仍然坚持到的知识灌输和道德说教，就难以实现思想政治教育的目标，而且还会给整个思想政治教育工作带来严重的负面影响。

思想政治教育工作的观念创新已经引起了人们的注意。随着思想政治教育实践活动的深入，人们已经逐渐认识到传统的思想政治教育具有很大的局限性，只有根据现实情况的变化积极地努力寻求更加有效的新方法和新途径，才能够真正提升现时代高校思想政治教育工作的效果。思想政治教育工作的观念改变对思想政治教育的效果影响很大，认为人的任何行为都是受到意识的引导，具有什么样的观念也就决定了在工作中会采取什么样的工作方式，自然也就会产生不同的思想政治工作效果。

譬如关于思想政治工作组成的认识，现代思想政治研究认为思想政治工作应该包括四个方面：政治教育、思想教育、道德教育和心理教育，各个要素之间是相互影响、相互作用的有机整体。而且各个要素之间的层次有比较严格的逻辑关系。从低到高的顺序是心理教育、道德教育、思想教育和政治教育。不但各个层次之间的逻辑关系不可随意跨越，而且各个要素的内涵以及实现方式也有很大的区别。心理教育是培养学生的健康完善的认知、情感、意志和行为，方法上在于感悟；道德教育是要学生树立道德意识，养成道德行为，方法上重在践行；思想教育培养的是人的世界观、人生观和价值观，具有深厚的理论根源，它把理论及理论的内在联系教给学生，让学生去体会、去理解，方法上主要是启迪；政治教育主要是进行政治理想、政治信念、政治方向、政治观点、政治情感、政治方法和政治纪律等方面的教育，目的是确立人们对国家、阶级、社会制度等重大政治问题的立场和态度，是政治集团的利益所在，常用的方法是灌输和说教。一般的逻辑顺序应按照思想政治教育四要素的从低到高的顺序进行，也就是先进行心理教育，后进行道德教育，紧接着进行思想教育，最后进行政治教育。

思想政治教育的四层次理论，能够比较好地解释现实生活中思想政治工作效果不佳的原因，这就是不论教育者还是教育部门在思想政治工作中总是习惯把政治教育、思想教育、道德教育和心理教育这四个既有联系又有区别的方面混淆在一起，千篇一律地采用比较容易做到的灌输和说教的方法，没有对具体问题进行具体分析，没有做到对症下药。鉴于这种情况，在今后的思想政治教育工作中，我们一定要冷静观察，理性思考，分清层次，革新思路。遵循这样的新观念，学校思想政治教育工作所倡导的"进教材、进教室、进学生头脑"和"进公寓、进社团、进网络"的措施，就不单纯是要求作为思想政治工作的"三支队伍"来实施的问题，还要求全体教职工以管理者的身份把学生管理好，使学校保持正常的学习和生活秩序，做他们的朋友或知心人，并在心与心的交流、情与情的交融中，通过自己的言传身教启迪他们，帮助他们去体验和感悟，让他们很自然地树立起健康的人生态度，认可和接受我们的社会所倡导的主流的道德观念、思想意识和政治观点。新事物的产生和发展，需要一个过程。这个理论要想得到广泛的认可和支持，进而转化为思想政治工作乃至全社会的自觉行动，也需要一个比较长的过程。我们相信，一旦人们普遍认可了它，那必将有力地推动思想政治工作，使之在确保青年学生成人成才方面发挥巨大的作用。

（二）高校思想政治教育工作观念创新的方式

思想观念是行动的先导。高校思想政治工作的创新首先应从观念创新开始。而思想政治工作观念创新的内容应该从以下几个方面进行创新：

1. 价值观创新

在相当长一段时间内，由于受我国传统的、片面的社会本位影响，在思想政治工作中往往把社会价值与个人价值对立起来，片面强调社会价值，忽视甚至否定个人价值。因此，在思想政治工作目标的确定上，只强调社会要求，忽视甚至否定个人的内在需要，致使思想政治工作难以吸引受教育者的积极参与，收效甚微。在社会主义和谐社会视野下，国家和社会的利益也就是人民的利益。社会的发展是个人发展的前提，个人的发展是社会进步的必要条件。因此，我们的思想政治工作创新首先必须对思想政治工作中的形而上学的层面做出必要反思，破除单纯的唯社会价值的教育观，确立社会价值与个人价值内在统一的新价值观，真正使思想政治工作在满足社会发展需要的前提下，保障个人的正当权益，促进社会价值与个人价值的协调发展，才能调动广大师生积极参与思想政治工作的主动性，自觉加强自我教育。同时，也要反对唯个人价值观。

2. 任务观创新

传统的高校思想政治工作任务仅仅是单向的向大学生灌输社会的政治、思想和道德规范。把大学生当成教育、指导的对象，而不重视受教育者的实践能力和个性的培养。诚如现代教育家蔡元培先生所启一，"教育是帮助被教育的人，给他能发展自己的能力，完成他的人格，于人类文化上能尽一分子的责任；不是把被教育的人造成一种特别的器具，给抱有他种目的的人去应用的"。而现代的科学发展观，是强调提高大学生的生存能力和发展潜力，注重保障大学生的充分发展，鼓励大学生参与社会事务发挥大学生影响社会变革和变迁的积极作用，更好地融入社会。因此，我们应该充分尊重大学生的个性发展，确立灌输社会规范与培养能力和发展个性有机统一的新任务观，切实把握好个性发展与社会进步之间的辩证关系，处理好个人价值与社会价值的和谐共存、相互促进。

3. 主体观创新

高校思想政治工作是做大学生的工作，必须坚持以大学生为本，着眼于大学生的全面发展，既教育人、引导人、鼓舞人、又尊重人、理解人、关心人。但是，在传统的高校思想政治工作中，长期存在着视教育者为唯一主体，忽视受教育者的主体作用，把受教育者仅仅视为消极接受教育的对象。这种片面的唯教育者主体观必然导致思想政治工作中的单向输入的倾向，它严重挫伤了大学生在思想政治教育中的积极主动性。但是，在思想政治工作过程中我们也不能片面地强调受教育者为唯一的主体观，强调受教育者的自我教育和自我修养，忽视教育者的教育和引导作用。因此，在思想政治工作过程中，我们必须克服唯教育者的主体观，同时，也要防止片面的唯受教育者的主体观。确立教育者的主体性与受教育者的主体性的辩证统一的新观念。

4. 效益观创新

高校思想政治工作作为培养大学生的思想品德的活动，其效果的好坏当让要看人的思想素质的发展。爱因斯坦曾说过"只用专业知识教育人是很不够的，通过专业教育，他可以成为一种有用的机器，但不能成为一个和谐发展的人"。而以往一些学校偏重了学生基础学科的学习和专业知识的学习，减少了思想政治教育的时间，轻视了对学生做人的能力的培养，特别是一些理工科的学生更是不把政治理论课当回事。以能力代替素质的教育，忽视了教育的本质和基础，只有通过思想教育和人文精神的熏陶，通过理想和信念的塑造，使学生真正懂得修身、齐家、立国、立盲一的根本道理，做一个真正的社会主义和谐社会的建设者。

（三）高校思想政治教育工作观念创新的成就及分析

高校思想政治工作观念创新是高校思想政治工作创新的主导力量。因此，只有树立了适应和谐社会主义建设的思想政治教育观念的积极创新，才能够有效推动整体创新活动顺利进行。目前，在关于思想政治教育观念创新的研究中，以下研究值得我们重视。

首先，必须确立完整的高校思想政治教育价值观念。在传统的思想政治教育工作中，存在着非常重视社会集体价值观、但是对个体存在的价值观却有所忽视乃至否定的倾向，这种价值观人为地把社会价值与个人价值对立起来，忽视了社会价值与个人价值的统一性。长期发展下去，个人需求得不到重视和满足，也就影响到其在社会活动中的积极性和主动性，从而影响到社会价值的实现。所以，在建构和谐社会主义的大背景下，必须建立个人价值和社会价值相统一的新价值观念，促成个人价值和社会价值的积极互动和良性循环。

其次，必须确立符合时代要求的高校思想政治教育任务观念。目前开放的社会背景下，高校思想政治教育工作不能再仅仅定位于向大学生灌输政治思想和道德规范，把学生视为简单接受教条的机器。个人如果离开社会化，也就无法实现自身的生存和发展；社会化如果缺乏人的个性化的发展，也就没有办法拥有健康发展的动力。因此，在高校思想政治教育工作创新中，我们必须克服为思想政治教育而教育的单一任务观，把思想政治教育和大学生知识能力的培养紧密结合起来。

最后，必须确立科学的高校思想政治教育工作的有效性观念。有效性是判断一件事情是否有效的基本原则。人类的任何活动都是指向某个欲求实现的目标，关注高校思想政治教育工作的有效性也就成为检测创新是否达到目标的基本原则。所以在高校思想政治教育工作的创新中，不能仅仅依照举办了多少次的活动，或者形式上相对以前有了多少创新性，来决定创新是否有价值。而是应该按照实际上是否解决了大学生的实际问题，大学生的精神面貌是否得到了改善为基本原则，来判断高校思想政治教育工作创新的成功与否。

二、高校思想政治工作内容创新

（一）高校思想政治教育工作内容创新的必要性

随着时代的发展和社会的进步，反映人的发展和社会发展需要的思想政治教育必然要求不断的发展和创新。高校思想政治工作必须适应时代和社会发展的需要，不断充实内容，丰富内涵。市场经济条件下，已不再是"大鱼吃小鱼"时代，而是"快鱼吃慢鱼"时代，能否对高校思想政治教育工作的客观变化做出及时的反应是高校思政工作成败的关键。高校思想政治工作必须不断刷新工作内涵，适时扩展高校思政工作外延。高校思想政治工作的任务已演变为培养具有全球意识、代表先进思想、文化和生产力的，政治素质过硬、思想坚定、心理健康的高层次专业人才。高校思想政治教育工作只有始终保持对变化的敏锐性，不断丰富高校思想政治教育工作的内容，才能够获得新的发展。作为意识形态的思想政治教育，才可能发挥社会意识对社会存在的引导作用，推动社会主义现代化建设的顺利开展。

（二）高校思想政治教育工作内容创新的内容

高校思想政治教育工作内容的创新必须紧密结合社会存在的实际情况做出相应的调整，下面就从政治教育、道德教育、诚信教育和心理教育四个角度展开论述。

政治教育的创新。政治教育是"帮助受教育者树立正确的政治方向、政治立场、政治观点、政治信念和政治态度，实质上是培养政治信仰的教育"。近年来，思想政治工作在坚持原有的国情教育、党的基本路线教育、爱国主义教育和形势与对策等政治教育内容的基础上，结合时代的变化和实际工作的需要，对这些教育内容进行了新的发展和深化。十七大报告指出"科学发展观，是立足社会主义初级阶段基本国情，总结我国发展实践，借鉴国外发展经验，适应新的发展要求提出来的"。科学发展观作为我国经济社会发展的重要指导方针，在思想政治教育方面应该得到相应的体现，做到思想政治工作的与时俱进。

道德教育的创新。道德教育是思想政治教育的基础性内容，随着当今的伦理关系己由人与人之间的伦理关系向人与世界的伦理关系扩展，道德教育的视野也得以拓展。可见思想政治教育应由单纯的人与人之间的道德教育转变到人与世界之间道德教育的视野。但是近年来，随着现代社会分工的发展和专业化程度的增强，市场竞争日益激烈，整个社会对从业人员的职业观念、职业态度、职业纪律和职业作风的要求越来越高。因此，在科学发展观视野下，道德教育的创新主要包括：人本理念教育、生态道德教育、文明的道德教育等等。

诚信教育的创新。诚信是大学生思想政治素质中的重要组成部分。但近年来培养高素质人才的大学校园已经不再纯净，大学生的诚信问题屡屡被提及，如考试作弊、考试抢手、恶意贷款，甚至各种各样的假证书、假文凭等等。诚信危机正侵蚀着一代学子的心灵，扰乱了大学生正常的思想观念和思维方式，造成了严重的危害。诚信是大学生的政治素养最核心的外在表现，是大学生走出校门立足社会的不可缺少的"无形资产"。大学生应把诚信作为最基本的道德基础、优良行为品质的根本准则。因此，在高校思想政治工作中应加强诚信教育的创新，提高大学生的政治素养。

心理教育的创新。以往高校的思想政治工作并不太注重人们的心理教育，往往只注重从思想上解决大是大非的问题，却忽略了受教育者的心理问题，即使在处理心理问题是也往往是用一般的意识形态压制大学生的种种心理活动。然而，随着改革开放不断深入和社会主义市场经济的不断发展，竞争机制的不断强化，工作、学习、生活的竞争的增加，人们的心理压力也日益加大，一些人缺乏应有的心理承受能力，难以承受过重的心理负荷，有的甚至产生了一定程度的心理疾病。有专家预言，在二十一世纪精神疾病将成为人类社会的重要症状，加强高校心理教育的创新，是增强社会稳定、提升公民生存质量的重要方略。因此新时期高校的心理教育要加强人文关怀和心理疏导，帮助人们正确地对待困难、挫折和荣誉，塑造自尊自信、理性平和，积极向上的社会心态。

（三）高校思想政治教育工作内容创新的成就及分析

高校思想政治教育工作内容的创新要做到"三个及时变化"。一是要随着党和国家方针政策的出台而变化，二是要随教育改革发展形势任务的变化而变化。三是要随着高校学生思想状况的变化而变化。学者们普遍认为，思想政治工作的内容要体现时代性，注重内容的开放性，求实进取，拓宽工作视界。充分吸收各个学科对人认识的最新发展，大胆借鉴心理学、伦理学、社会学、美学以及系统论、控制论、信息论、现代管理科学等科学认识，积极移植到高校思想政治教育工作之中。必须注重引导性和现实性的统一，强调要用"大道理，去解决广大帅生平常遇到的"小问题"。必须强调在内容上要融思想性、政治性、科学性、知识性、趣味性为一体，从整体的角度对思想政治教育的内容进行系统的创新。

总的来说，近期内高校思想政治教育工作内容创新主要体现在以下几个方面。

首先，用社会主义主流价值观引导高校思想政治教育工作的内容。党的每一次理论创新都会带来思想政治教育内容的重大创新，这是因为思想政治教育必须坚持党的理论指导的基本原则。只有坚持把党的理论创新及时贯彻到高校思想政治教育工作中，才能为高校思想政治教育工作内容的创新提供有效的思想资源和理论支撑，才能够充分发挥在构建和谐社会中思想政治教育的保证和指导功能、支撑和凝聚功能、建构和引领功能、调节和协调功能、评判和教化功能以及促进和动力功能。高校思想政治教育工作在构建和谐社会中必须充分发挥以上功能，这就决定了高校思想政治教育工作的内容创新必须要坚持社会主义核心价值体系作为高校思想政治教育工作的基本内容。

其次，必须坚持把公民意识教育、和谐观念教育，以及心理教育融入高校思想政治教育工作内容创新里面。公民意识主要是体现现代政治秩序和法制观念的民众意识，核心是权利意识和责任意识。公民意识教育是现代思想政治教育中的重要内容，"加强公民意识教育，树立社会主义民主法制、自由平等、公平正义理念"。公民意识的成熟能够为社会主义建设提供健康积极的理念和信仰，促成社会主义现代化建设的顺利进行。和谐观念的教育主要是指必须在高校思想政治教育工作中贯彻和谐价值观的教育，使大学生意识到自身与他人的相互依存关系，意识到社会诸组成之间"和而不同"的重要性，从而在直面差异的同时意识到和谐在社会发展中的重要价值。心理教育强调在高校思想政治教育工作中，必须重视受教育者的心理问题。因为现代社会生活节奏加快，人们的生存压力和竞争压力日益增大。缺乏相应的心理教育，承受压力的心理能力弱化，会造成一定程度的心理疾病，这与我们所追求的社会全面进步和个人健康发展协调进行相背离。所以，现阶段心理教育的主要任务是"进行心理健康教育和指导，提高受教育者的心理健康素质，使受教育者形成良好的个性、健全的人格、健康的情感、乐观的心态、坚强的意志，特别是增强受教育者在激烈的竞争中勇于进取、不怕挫折、自强自立、艰苦创业的意志品质和能力"。

第二节 高校思想政治工作机制及方式创新

一、高校思想政治工作机制创新

机制是指某个系统各个组成元素之间的相互作用的关系、结构及其运行。机制思想是现代科学发展的产物，因为正是随着实践活动的不断拓展和认识程度的不断提升，人们发现某个事物的正常运行与同一系统其他事物、系统存在的环境以及系统与它系统之间的相互关系存在着千丝万缕的联系。正是在此意义上，二十世纪的哲学家维特根斯坦在其著作中开篇就指出"世界是所有实事的总和而非单纯物的总和"。如果不能够从机制的角度去认识思想政治教育的运行，就难以得到正确客观的认识，也就难以指导思想政治教育工作的顺利进行。因此，辩证联系地去认识高校思想政治教育工作的运行机制并且根据实际需要建立健全运行机制，对于提高高校思想政治教育工作的效果具有极为重要的意义。

（一）高校思想政治教育工作机制创新的必要性

一直以来，学术界对思想政治工作机制的含义有各种不同的认识，有人认为思想政治工作的机制就是各构成要素之间功能的耦合，其功能的发挥依赖于各类要素功能之间按一定方式有规律地运行着的动态过程。还有人认为思想政治工作机制是教育过程中的内在工作方式和诸要素之间的相互联系方式，通过一定的方式，才能将思想政治工作的目标逐步转化为受教育者的内在需要和动机，并使受教育者把这种动机转化为行为才算是获得了良好的教育效果。还有的学者认为，所谓思想政治工作机制，就是指规范的、稳定的、可操作的、可考核的一整套规章制度，是解决思想政治工作做什么、谁来做、怎么做、做得怎样的问题，解决思想政治工作怎样运转、怎样监管、怎样考核与评估的问题。这一认识，目前得到较多学者的认同。有的学者进一步指出，机制创新，主要是通过建立富有生机活力的制度、体制、运行程序、规则、措施等，使系统健康、有序地发展。我们可以认为高校思想政治教育工作机制创新就是指建立、健全、完善和改进高校思想政治工作的运行机制，使之作为一个有机整体相互配合、相互衔接、协调有序的运作，实现高校思想政治工作的规范化和系统化。

（二）高校思想政治教育工作机制创新的内容

有人提出机制创新应从四个方面努力：一是领导机制，二是运作机制，三是评估机制，四是保障机制。有人认为要进一步强化高校党委对宣传思想工作的规划功能、组织功能、应变功能、协调功能、疏导功能。有人强调建立健全运作机制应在思想政治工作的教育机制和渗透机制上下功夫。学者们普遍认为，要构建多渠道、多途径、立体化的思想政治教育网络，要把思想政治工作与各项工作同规划、同部署、同落实、同考核。笔者认为高校思想政治工作的机制创新的重点应该在以下几个方面。

1.领导管理机制创新

中共中央对高校思想政治工作的领导管理机制提出了明确的要求：要求高校党委加强对高校学生的思想政治工作的领导，校长对学生的德智体全面发展负责，建立和完善校长及行政系统为主实施的思想政治教育管理机制。而在实际工作中，真正建立起这种健全的领导管理机制的高校还不多，相当一部分高校是党委管理学生思想政治工作并组织实施，难以把思想政治教育贯穿在教育的全过程落实在教学、管理、后勤的各个环节中。因此，无论学校实行哪种领导机制，必须建立在党委领导下的校长及行政系统为主实施学生思想政治工作的领导管理机制。

2. 激励机制创新

创新大学生的思想政治工作的机制激励要通过综合运用精神和物质的奖励达到鼓励、调动人工作的积极性和创造性的目的，其实质就是对学校的人事制度、分配制度、管理体制改革的问题。教育主管部门要强化对高校思想政治教育工作的考核要求，对人员配备、资金投入、工作条件保障等各方面的支撑加以制度化、规范化。一些学校由于认识上没有真正把学生思想政治工作放在首位，行动上更是相差甚远。一方面要求思想政治工作者为思想政治工作多做理论创新和实践创新，另一方面却对思想政治工作的科研项目不予理睬，在激励创新方面一边倒向理工科。这就严重地挫伤了高校思想政治工作者的积极性和创新型。因此，我们既要提倡思想政治工作者的无私奉献精神，但同时也要考虑到广泛的群众性，采取适当的物质激励高校思想政治工作者的积极性和创造性。此外，还要着力研究学生的奖励制度问题，建立和完善学生的思想政治教育评价考核体系，从注重学习成绩的评价转向注重学生综合素质的评价，并注意研究如何解决特困生学习生活方面的实际问题，把高校思想政治教育工作贯穿于学生日常生活之中。

3. 长效机制创新

科学发展观的基本要求是全面协调可持续发展，高校思想政治工作应建立在长效机制的基础上，不能因为中央领导强调思想政治工作的重要性，才要加强思想政治工作，更不能认为思想政治工作是可无可重可轻的工作。高校思想政治工作涉及的范围广，不仅要把思想政治工作落实到各院、系、班、党团支部和每个学生，而且也要把思想政治工作拓展到学生的家庭及社会，这样既可以及时了解学生的思想动态，也可以检查思想政治工作的效果，从而为进一步加强和改进思想政治工作提供强有力的依据。只有构建长效机制并不断进行创新，才能保证高校思想政治工作的可持续发展。必须从两个方面开展长效机制建设：一是整合社会资源，发挥环境对大学生思想政治教育的作用；二是建立学校和家庭的定期互动，发挥家庭对大学生思想政治教育的潜移默化的独特影响。只有建立学校、家庭和社会之间的互动联系机制，才能够把高校思想政治教育工作长期、有效地坚持下去。

4. 保障机制创新

强化高校思想政治教育工作的保障机制创新，首先要求高校思想政治工作必须建立健全与法律法规相协调、与高等教育全面发展相衔接、与大学生成长成才需要相适应的思想政治教育和管理的制度体系。其次要加大高校思想政治教育工作的资金投入，教育行政部门和学校要合理确定思想政治教育工作方面的经费投入科目，列入预算，确保各项工作顺利开展。学校要为开展大学生思想政治教育工作提供必要的场所与设备，不断改善条件，优化手段。要加强专业辅导员队伍建设，从薪酬待遇、发展空间各个方面为辅导员提供良好的工作环境，提升专职辅导员工作的积极性和成就感。要把大学生思想政治教育工作作为对高等学校办学质量和水平评优考核的重要指标，纳入高等学校学科的建设和教育教学评优体系。

（三）高校思想政治教育工作机制创新的成就及分析

传统的思想政治工作只注重社会对大学生的思想品德要求，忽视受教育者的思想实际，教育活动在机制上主要强调教育者的作用，强调社会的需要，不注重受教育者的个体性，严重影响到思想政治教育规律的客观要求。思想教育活动一定要适合受教育的思想品德状况，这是思想政治工作机制创新的基本依据。社会主义市场经济条件下的思想政治工作已经不单纯是哪个部门的工作，而是一个系统的工程，必须按照高校思想政治教育系统运作的基本规律强化运行机制的创新研究，才可能做到与时俱进，推动高校思想政治工作全方位、多层次的展开。

高校思想政治工作既是一个适应社会主义市场经济要求，转变观念，制定和执行科学改革发展形势，探索和建立新的思想思想政治工作的过程。这就需要我们坚持以科学理论为指导，紧密联系学校改革与发展的实际，联系师生的工作、学习、生活、思想实际，着眼于对实际问题的思考，着眼于新的实践和新的发展，解决新的问题，努力构建具有高校特色的思想政治工作性的机制创新，构建以培养大学生综合素质为目标的思想政治教育新机制，完善以自律为核心的大学生自我教育机制，加强现代公民意识教育机制，辅以心理教育机制，创建全员育人、实践育人机制，强化高校思想政治教育工作的社会支撑机制，建立健全网络高校思想政治教育。

二、高校思想政治工作方式创新

在社会转型期的特定背景下，社会经济成分和经济利益分配的多样化，以及社会组成形式和生产生活方式的多元化，决定了思想政治教育必须转变为多样化、层次化的教育方式，才能够取得理想的教育成果。高校思想政治教育工作对象的学习渴望和成长需要，也要求高校思想政治教育工作必须不断创新才能够提升高校思想政治教育工作的效果。方法创新应该做到因地制宜、因人而异，具体问题具体分析，协调好方法使用的个性和共性问题。

（一）高校思想政治教育工作方式创新的必要性

思想政治工作方式，这里所谓方式，类似于范式，表示范例、模式、模型之类的方法形式，其理论所指可以概括为开展思想政治工作活动的方法形式，而这一方法形式的内涵则表示为：根据中国共产党执政的社会主义政治、经济、文化事业发展以及政治事务和社会事务对思想政治工作的客观需要而采取的思想工作活动和政治工作活动运行体制、机制、途径、手段、表达形式、方法形式等的总称。因而，思想政治工作创新方式既可以表现为一整套操作规定，也可以是用范例、模式等形式的表达方式。

思想政治工作新方式必然内蕴着共同的信念，这种信念建立在思想政治工作历史上成功的经验和政治上资源动员的优势共同奠定的基础上，可以据此信念来把握思想政治工作特定的概念框架、理论结构和方法论，也可以提供具体的、实际的、可以效法的经验成例。从而表明了，这里所说的新，是对思想政治工作优秀传统继承的新，是为了适应思想政治工作环境和问题变化而与时俱进的新方式。长期以来被看作是纯形式的，没有具体内容，我们对此持异议。因此，思想政治工作方式可以明确地规定思想政治工作全局的发展方向和探索途径，可以决定思想政治工作在新时期奉行的价值标准和思想意识，也就是说思想政治工作方式内在地蕴含着自然观、世界观和价值观。思想政治工作方式也因此可以看作是理论要素、社会心理要素和精神文化要素共同组成的结构复杂的网络体系。

思想政治工作方式并不仅仅是静态的理论逻辑的抽象表述，同样地表现为一种活跃的动态发展过程。思想政治工作方式在其概念框架内所进行的、具有高度定向性的、具体解决思想政治领域内诸多问题的活动，真实地、明显地体现了思想政治工作的新发展。这一新发展，正是创新。当原本的思想政治工作方式面临社会形势的变化，面临着反常性的和应用性的危机，面临着被新的方式所取代，思想政治工作在面临着的这一思想政治局势必然导致整个思想政治工作转向式的革命，或者说革新、改革。这种思想政治工作发展过程中的重大转折标志着思想政治工作方式的创新。

有了理论的创新，不等于实现了思想政治工作创新。在创新性理论和创新性思想政治工作之间，还需要有相应的环节起到桥梁和纽带的作用，把二者联系起来，并把前者转化成后者，这个环节就是创新性的方式。思想政治工作方式创新是指适应人们的接受能力而运用现代化工具和其他灵活多样的手段做思想政治工作的新方式、新方法。这些新方式新方法不管有多少，也不管怎样运作，都必须具备循序渐进、因势利导、循循善诱、生动活泼、入耳入心、可亲可信，易于被人接受的特点。在现实生活中，各行各业特别是各种类型、各个地方的教育部门在长期的思想政治工作实践中，创造出了许多行之有效的思想政治工作的新方式、新方法。但我们不能满足于既有成绩，必须以对国家和民族未来负责、对学生未来负责的态度，在继承原有方式的基础上，努力去探索实践新的更加有效的方式。

（二）高校思想政治教育工作方式创新的内涵

有人认为传统方法在一般情况下还是行之有效的，比如：说服教育法、榜样示范法、情感陶冶法等。有人强调案例分析法、业务演练法、事件过程分析法、角色扮演法、敏感性训练法的重要作用，认为它们都收到了较好的效果。学者们普遍认为，说服教育必须建立在平等交流、双向互动、相互启发、共同提高的基本态度上，必须动之以情、晓之以理、导之以行。还有人提出要在"活、深、细、实"上下功夫。要落实到人，要见效果，不留死角，不挂空挡。"

1. 深入开展社会实践

社会实践是大学生思想政治教育的重要环节，对于促进大学生了解社会了解国情，增长才干、奉献社会、锻炼毅力、培养品格，增强社会责任感具有不可替代的作用。要建立大学生社会实践保障体系，探索实践育人的长效机制，引导大学生走出校门，到基层去，到工农群众中去。高校要把社会实践纳入学校教育教学总体规划和教学大纲。积极探索和建立社会实践与专业学习相结合、与服务社会相结合、与勤工助学相结合、与择业就业相结合、与创新创业相结合的管理体制，增强社会实践活动的效果，培养大学生的劳动观念和职业道德。利用好寒暑假，积极组织大学生参加社会调查、志愿服务、公益活动等社会实践活动。重视社会实践的质量和效果，使大学生在社会实践活动中受教育、长才干，增强社会责任感。

2. 大力建设校园文化

校园文化具有重要的育人功能，要建设体现社会主义特点、时代特征和学校特色的校园文化，形成优良的校风，教风和学风。大力加强大学生文化素质教育，开展丰富多彩、积极向上的学术、科技、体育、艺术和娱乐活动，把德育与智育、体育、美育有机结合起来，寓教育于文化活动之中。开展特色鲜明、吸引力强的主题教育活动。重视校园人文环境和自然环境建设，完善校园文化活动设施，建设好大学生活动中心。加强校报、校刊、校内广播电视和学校出版社的建设，加强哲学社会科学研讨会、报告会、讲座的管理，绝不给错误观点和言论提供传播渠道。坚决抵制各种有害文化和腐朽生活方式对大学生的侵蚀和影响。

3. 主动占领网络思想政治教育新阵地

要全面加强校园网的建设，使网络成为弘扬主旋律、开展思想政治教育的重要手段。要利用校园网为大学生学习、生活提供服务，对大学生进行教育和引导，不断拓展大学生思想政治教育的渠道和空间。要建设融思想性、知识性、趣味性、服务性于一体的主题教育网站和网页，积极开展生动活泼的网络思想政治教育活动，形成网上网下思想政治教育的合力。要密切注意关注网上动态，了解大学生的思想状况，加强同大学生的沟通与交流，及时回答和解决大学生提出的问题。要运用技术、行政和法律手段，加强校园网的管理，严防各种有害信息在网上传播。加强网络思想政治教育队伍建设，形成网络思想政治教育工作体系，牢牢把握网络思想政治教育的主动权。

4. 开展深入细致的思想政治工作和心理健康教育

要结合大学生实际，广泛深入开展谈心活动，有针对性地帮助大学生处理好学习成才、择业交友、健康生活等方面的具体问题，提高思想认识和精神境界。要重视心理健康教育，根据大学生的身心发展特点和教育规律，注重培养大学生良好的心理品质和自尊、自爱、自律、自强的优良品格，增强大学生克服困难、经受考验、承受挫折的能力。要制订大学生心理健康教育计划，确定相应的教育内容、教育方法。要建立健全心理健康教育和咨询的专门机构，配备足够数量的专兼职心理健康教育教师，积极开展大学生心理健康教育和心理咨询辅导，引导大学生健康成长。

（三）高校思想政治教育工作方式创新的成就及分析

高校思想政治教育工作方式创新较之以前有了很大的发展，无论是基本原则还是现实应用方面都取得了较大的突破。下面就进行简要的论述和分析。

首先，在高校思想政治教育工作方式创新基本原则方面，都认为应该坚持以人为本和科学有效的原则。因为高校思想政治教育工作方式的创新必须要以促成学生的全面发展为根本目标，以唤醒学生自我教育的自觉性和主动性为基本原则，所以高校思想政治教育工作方式的创新必须以学生个体的发展和完善为核心，充分调动受教育者自身的积极性和主动性，培养学生自我修养、自我教育的能动性。科学有效的指导原则要求必须遵循思想政治教育的基本规律，创造出切合学生现实需要和喜闻乐见的方式，要"由浅入深，循序渐进，思想政治教育具有层次性和阶段性；预测动机，引导行为，使思想政治教育具有预见性和主动性；区别对待，使思想政治教育具有针对性和灵活性"。

其次，为了保证高校思想政治教育工作方式创新的有效性，必须加强对思想政治教育方法的宏观引导，综合运用各种方法推动高校思想政治教育工作的顺利进行。必须把科学发展观、和谐社会的理念贯彻到方式创新的基本指导思想中，用社会主义的主流价值观引导杂乱纷呈的各种社会潮流，以求实现教化世道人心、凝聚建设力量的目标。而且偏于实际应用学科的思想政治教育也必须加强自身的理论研究深度，着重从学科建设的高度强化思想政治教育创新的科学性和理论性。在对具体方法的总结和概括的基础之上进行理论的建构。未来高校思想政治教育工作方法的创新趋势将是综合化的发展，不同类型方法之间的综合运用和多样化发展路径，不同方法之间的相互渗透和融合，主体互动的多样性、教育过程的自主性以及手段运用的现代化等诸方面的集合创新。

再者，必须坚持实践性的原则，在实践中进行思想政治教育方法的创新并通过实践的检验不断改善。实践性原则就是积极引导高校学生参加各种实践活动，不断提高学生的思想觉悟和认识能力，在改造客观世界的同时改造主观世界。马克思主义理论认为，实践是认识的源泉、认识发展的动力，也是认识的最终目的，实践是检验认识是否正确的唯一标准。实践活动是人的解放和全面自由发展的根本途径，是人的思想道德品质形成和发展的决定性因素。思想政治教育是否收到实效，归根结底体现在人的实践行为上。而人的思想觉悟和认识的提高，优秀品行和坚定立场的形成也必须在实践活动中才能形成。所以，在高校思想政治教育工作创新中我们必须坚持引导学生积极投身于社会实践，在进行社会主义现代化的建设活动中早就良好的思想道德品质，培养良好的行为习惯和坚定地理想信念。总之，我们应该在高校思想政治教育工作的实践中不断摸索思想政治教育方法的创新，使之逐步走向科学化和现代化。

第三章 高校大学生思想政治工作创新的思路与对策

第一节 高校思想政治工作创新的基本原则及创新性

一、高校思想政治工作创新的基本原则

高校思想政治工作的基本原则必须是在高校思想政治工作进行客观全面分析的基础之上总结概括而来的。针对高校思想政治工作对象的特点，要求高校思想政治工作过程中必须充分重视大学生的主体性，树立以学生为本的教育思想和为学生服务的教育理念，同时要求教育者能够摆脱自身认知上的错误倾向，从教育者与被教育者互为主体性的特征出发构建良好的教育方式。针对思想政治教育的综合性，要求必须建立互相渗透的学科体系。由于思想观念形成的长期性和复杂性，要求高校思想政治工作创新必须构建三位一体的全方位的教育有机整体。

（一）激发大学生内在接受思想政治理论课

高等学校思想政治理论课是大学生思想政治教育的主渠道。思想政治理论课是大学生的必修课，是帮助大学生树立正确世界观、人生观、价值观的重要途径，体现了社会主义大学的本质要求。要按照充分体现当代马克思主义最新成果的要求，全面加强思想政治理论课的学科建设、课程建设、教材建设和教师队伍建设，进一步推动科学发展观与构建和谐社会重要思想进教材、进课堂、进大学生头脑工作。

要联系改革开放和社会主义现代化建设的实际，联系大学生的思想实际，把传授知识与思想教育结合起来，把系统教学与专题教育结合起来，把理论武装与实践育人结合起来，切实改革教学内容，改进教学方法，改善教学手段。要加强对思想政治理论课的宏观指导，采取有力措施，力争在几年内使

思想政治理论课教育教学情况有明显改善，通过一系列的教学方式和内容的改革激发大学生主动接受思想政治教育。

推动马克思主义理论创新机制的完善和发展是完善思想政治理论课的理论基础。以实践活动为核心的唯物史观为马克思主义理论创新提供了根本动力，革命性、批判性的理论特点为马克思主义理论创新提供了主体动力，同各种错误思潮的斗争则是马克思主义理论创新的外部动力。不断展开的社会主义建设实践创新为马克思主义理论创新提供了丰富素材，经验反思和教训总结则是马克思主义理论创新的重要方法，全面汲取古今中外的优秀文明成果是马克思主义理论创新的重要途径。及时准确地把马克思主义理论创新的成果融贯到思想政治理论课中，能够实现引导的先进性和现实的针对性的统一，更能够思想政治理论课教学质量的改善。

（二）树立以学生为本的教育思想和为学生服务的管理理念

树立要以学生为本的教育思想和教育者的服务理念。高等学校各门课程都具有育人功能，所有教师都负有育人责任。广大教师要以高度负责的态度，率先垂范、言传身教以良好的思想、道德、品质和人格给大学生以潜移默化的影响。要把思想政治教育融入大学生专业学习的各个环节，渗透到教学、科研和社会服务各个方面。要深入发掘各类课程的思想政治教育资源，在传授专业知识过程中加强思想政治教育，使学生在学习科学文化知识过程中，自觉加强思想道德修养，提高政治觉悟。要坚持学术研究无禁区、课堂讲授有纪律，严格教育教学纪律，切实加强教学管理，在讲台上和教材中不得散布违背宪法和党的路线方针政策的错误观点和言论。

努力解决大学生的实际问题。思想政治教育既要教育人、引导人、又要关心人、帮助人。高校要从严治教，加强管理，改善办学条件，提高教育教学质量，为大学生成长成才创造条件。要加强对经济困难大学生的资助工作，以政府投入为主，多方筹措资金，不断完善资助政策和措施，形成以国家助学贷款为主体，包括助学奖学金、勤工助学基金、特殊困难补助和学费减免在内的助学体系，帮助经济困难大学生完成学业。要帮助大学生树立正确的就业观念，引导毕业生到基层、到西部、到祖国最需要的地方建功立业。要进一步建立健全大学生就业指导机构和就业信息服务系统，提供高效优质的就业创业服务。特别是目前思想政治教育专业的大学生在就业方面面临一个非常尴尬的局面，很少有单位在招聘专业上要求是思想政治专业的学生，甚至高校很多辅导员都不是思想政治专业，这与一些领导认为思想政治工作是个筐，不管什么东西都可以往里装，也就错误地认为什么专业的学生都可以做思想政治工作的想法。如果思想政治专业的学生的就业不能被正确定位的话，那么将来思想政治教育理论课很难被大学生内在地去接受，进而也会涉及思想政治专业的以后的发展。因此通过服务育人、管理育人，把党和对大学生的关怀落到实处，才能够从根本上巩固思想政治教育的效果。

（三）强化主流意识的引导作用

目一前对大学生影响较大的社会思潮有新自由主义思潮、历史虚无主义思潮、民族分裂主义思潮、利己主义思潮、全球化思潮、消费主义思潮等。以上这些社会思潮的广泛传播，对一部分大学生产生了较大的影响，并为他们所接受。其原因是这些社会思潮往往具有三个特性：一是把现实利益作为大学生关注的切入点，如新自由主义的宪政制度和法治原则、程序正义所主张的公平竞争和一切职位向一切人开放的要求以及对个人权利和自由的尊崇与保护原则，无疑会对青年学生产生巨大的吸引力。二是注重争夺对大学生的话语权并试图影响现实。三是立体化、平民化的传播，使大学生极易接受。四是要着力解决好现实中的突出社会问题和大学生的实际问题。一个理论、一种思潮被社会接受和放大，往往取决于社会现实，如新自由主义程序正义所主张的公平竞争和一切职位向一切人开放的要求以及对个人权利和自由的尊崇与保护原则，之所以会对青年学生产生巨大的吸引力，与他们对腐败的痛恨、对经济、社会、教育等领域公平的追求是分不开的。

另外更要重视解决大学生的实际问题，如就业问题、贫困大学生问题等，高校如果牢牢坚持以学生为本，使学生切实感受到学校、国家和社会的关心及社会主义的优越性，错误社会思潮就没有了传播的心理基础。这就需要用社会主义核心价值体系引领大学生合理吸收社会思潮中的积极因素，批判消极有害因素在大学校园内，用社会主义核心价值体系引领多样化的社会思潮。还要尊重差异，包容多样化，帮助大学生主动汲取多样化社会思潮中的各种积极因素，促进大学生自身的发展和创新。

（四）构建家庭、学校和社会的有机思想政治教育整体

做好学生的思想教育工作，仅靠学生工作一线的专职政治辅导员是远远不够的，还需要调动全校每一位教职工都来关心学生的思想教育。高校的教职工人人都应自觉主动地去实践为人师表的深刻内涵，都应时刻想到用自己的工作和言行去教育学生、感染学生。学校上下要努力为学生营造崇尚真知、追求真理的氛围，按照"三育人"的目标和要求，积极引导，正确把握，通过扎实全面的思想教育工作，为大学生享赋和潜能的充分开发创造一种宽松的环境，使教学和管理都能够灌注思想政治教育的内容，让潜移默化的熏染

和积极有效的灌输密切结合，从而能够使学生日常生活和课堂学习中受到全方位的教育和渗透。

学校要将教育内容向社会主动延伸，建立学校与社会有效的交流渠道，引导学生接触社会。学校一方面要维护其独立的教育体系和价值体系，一方面要面向社会，将社会中美好的一面，积极进步的一面引进学校的教育，让学生融入社会，认识到自己是社会的一员。面对社会中存在的问题，要利用学校的教育资源，树立学生改造社会的社会责任感。同时社会公共机构要有意识地加强社会公信力建设，提高社会发展成果分配的公正程度，促进思想政治教育教育环境的净化和改善，逐渐消减社会和学校之间的巨大鸿沟。社会支撑体系的不断完善是巩固高校思想政治教育工作的必然条件，因此，高校思想政治教育社会支撑体系的全方位、多向度和辩证性的构建是伴随高校思想政治教育工作发展始终的重要工程。

在学生思想教育的整个过程中，学校还不能忽视学生家庭的作用，要鼓励和号召学生的父母及家人经常性地关心子女在校的学习及思想表现，做到与学校保持联系，互通有无，为学生的健康成长共同创造良好的条件。目前的大部分家庭结构是子女较少，父母对子女的关心程度和关心力度普遍较高，这是利用家庭教育环境进行大学生思想教育的有利条件。但是由于家长的知识结构、大学生的年龄层次与父母交流的代沟等因素，家庭对大学生思想教育的力度和方向还存在着一定的不足，这就需要学校和家庭建立良好的互动关系，将学校和家庭的不同的教育资源有效整合，及时把握每个学生具体的思想来源、思想动向，形成学校、社会、家庭有机结合的立体思想政治教育的体系。

二、思想政治教育工作的创新性

知识经济的灵魂就是创新。创新是思想政治工作面临新形势、新问题和新挑战的必然选择。经济和社会发展给思想政治工作提供了许多新机遇、新条件，同时也提出了许多新要求、新问题，表现为高校思想政治工作的对象更加个性化，思想政治工作的内容更加丰富，渠道和方式更加多样化。思想政治教育方法要适应变化的新形势，就必须创新，唯有创新才有出路。思想政治教育方法的创新，要体现以下五个方面的特征超前性。

（一）超前性

就是"预防"教育，把工作做到前头，未雨绸缪。传统的思想政治教育也注意运用预防教育法，但是，由于实施不力，思想政治教育仍较多地处于被动应付、消极防范的滞后状态，缺乏面向未来的高瞻远瞩，跟不上时代的发展及大学生思想政治教育的需求。思想政治教育的超前性包含两个方面的含义：一是众足当前，在现实的思想政治教育工作实践中，变滞后式为超前式，不仅要能在问题出现之后有条不紊地处理它、解决它，而且要善于根据大学生的年龄、性别、心理、生理、情绪以及客观外界的某些因素等，超前地预测和分析大学生思想动态和某种状态下可能出现的问题，及时做好思想政治教育工作，防患于未然；二是面向未来，通过思想政治教育，积极引导大学生面向 21 世纪，面向知识经济时代对人才素质的全面要求，立足现实，放眼未来，刻苦学习，锻炼成才。

（二）新颖性

科学技术的迅猛发展，不仅影响和改变着经济结构和综合国力，而且影响和改变着人类社会的生活，思想政治教育的内容、对象、范围、环境都将因高科技的发展和运用而发生重大变化。教育内容将注入知识经济的鲜活思想、知识和事实材料，教育对象的知识起点将更高，思想更复杂，教育环境也将出现越来越高的人工世界，面对这些新的特点和新的气象，思想政治教育必须根据变化的新情况，采取新颖多样的方法以提高教育的效果。如将高科技引入思想政治教育领域，使思想政治教育与技术软科学、信息科学、行为科学等新兴学科相融合，运用这些新兴学科来完成思想政治教育的内容。同时，将定性的方式方法和定量的科学方法有机结合起来，达到教育的目的。

（三）现代性

现代化的信息社会，给思想政治教育提出了诸多新课题。思想政治教育要跟上时代发展步伐，适应现代青年学生的欣赏和接受心理，就必须加快现代信息传授方式的利用。现代传媒具有大信息量、快节奏、高效率的特点。国内外大事、党和政府的方针政策、各级组织的指示要求、思想道德教育的内容、生活中的先进典型和反面事例等，通过音像制品、电视网络、多媒体结构等手段，在很短时间内就能覆盖全国，深入校园每个角落。这是一些传统的教育手段无法比拟的。现代传媒手段特别是电子计算机在思想政治教育领域的开发运用，能使思想政治教育收到事半功倍的效果。

（四）综合性

社会发展的多元化，人的思想形成的复杂性，决定了思想政治教育依靠单一的某种手段是无法奏效的，必须多种方法齐头并进，形成教育合力，才能取得良好的成效。如把榜样示范、管理约束、环境熏陶等方式方法综合起来，使之优势互补，相辅相成，营造出浓厚的思想政治教育氛围，就能激发学生自我教育的自觉性。把经常性的管理工作与经常性的思想教育相结合，"两个经常"互为条件，互相补充，是变化万千的社会对思想政治教育综合方法的内在要求。

第二节 高校大学生思想政治教育理论创新

"少年强则中国强"大学生作为新时代的接班人，做好当代大学生思想政治教育工作至关重要。当代大学生作为国家建设的有力后备军，无论是在知识技能储备方面，还是在政治思想教育上都具有优越性和针对性。怎样做好大学生思想政治教育理论创新是现阶段高校政治工作建设的重要所在，加强高校政治建设首在理论创新，全面贯彻高校思想政治建设理念做好理论创新实现高校思想教育的突破。

一、当代大学生思想教育的内在要求

（一）坚持"以人为本"的核心理念

政治思想教育的根本目的就是帮助人类确立一个正确的价值观和人生观，对于当代大学生而言加强其思想政治教育有利于其树立一个正确的价值观和人生观。思想政治教育的工作以及理论创新是建立在整个人类发展上的，对于个人如何实现自身价值有着积极的导向作用，并且在大学生思想政治教育工作中也呈现出特定的导向作用。作为生存的生物性基本需求的"自然性"、实现人的社会本质的基本需求的"社会性"和精神归宿与精神提升需求的"精神性"，分别构成了思想政治教育"先在的人性前提""最根本的人性基础"以及"最具发展性的人性基础"，这些也深深体现了思想政治教育与高校思想教育的内在切合。

坚持"以人为本"的核心理念不仅构成了当代大学生思想政治教育的内容，也丰富了大学生思想教育理念创新的途径和视野。就当下高校应培育怎样的大学生以及该如何培育和大学生的思想政治教育息息相关，坚持"以人为本"的思想大学生政治教育，除了坚持全面发展的价值观外，还要勇于创新思想政治教育理念，基于这些才能促进当下大学生全面发展，才能推动大学思想政治教育发展，才能创新大学思想政治教育理念，进而推动大学思想教育发展。

（二）全面贯彻以科学发展观为主的创新理念

以科学发展观为基础的大学思想政治教育，即强调了坚持科学发展观是高校思想政治建设的根本所在，也表明了加强和建设大学生思想政治教育是推进科学发展观的进步的重要基石。发展以人为主，当代大学生作为社会建设的后备主力，做好高校政治工作势在必行。继 20 世纪 90 年代我国施行改革开放政策以来，我国的经济迅速发展，无论是物质生活还是精神生活均取得明显改善，在此条件上如何培养高素质人才的问题值得我们深思！因此，加强高校大学生思想政治建设，提高学生的政治觉悟，是提升我国文化软实力的根本所在。

（三）坚持"中国梦"的发展理念

中国梦由习近平总书记首次提出，作为全国人民的总愿望，其具有强大的号召力和凝聚力，激励着中华各族儿女砥砺前行，是中国实力以及文化魅力的所在。"中国梦"内涵丰富：首先，"中国梦"的主题是"实现中华民族伟大复兴"。其次，"中国梦"的核心内容是"国家富强、民族振兴、人民幸福"。最后，"中国梦"的实质是马克思主义中国化的最新成果，是中国特色社会主义先进文化的重要组成部分，是我国文化软实力的重要组成部分。作为当代大学生，"中国梦"有利于其凝聚自身力量，激发自身潜能，进而促进全面发展。将"中国梦"思想融入当下大学生思想政治教育，不仅有利于大学生树立正确的价值观、人生观和政治观，也有利于培养大学生形成正确的爱国主义情怀。"中国梦"全面融入高校思想政治建设中这一举措是大学生思想政治理论课的一大创新，高校思想政治理论课程是高校马克思主义理论的主要汇集地，"中国梦"与高校思想政治建设的巧妙结合让大学生接触到更多符合国家发展需求以及自身建设需求的优秀理论，进而推动着我国高校思想政治建设乃至国家的前进发展。

二、全面建设创新性大学生思想政治教育理念

在高校思想政治建设中，传统的大学生思想政治教育通常强调教育要为社会服务，为党和国家培养需要性人才，过分强调了培养的意图而割裂了培养的真正目的所在，即满足人民的需要、满足党和国家的需要，切实符合当下社会所需。这种过于片面化、政治化、机械化的思想教育理念会使学生产生厌烦心理，乃至于排斥或冷漠的态度，就此现象引发了传统思想教学理念与实际操作中的矛盾，故而对于高校思想政治建设的本质所在需重新审视。当下时代环境形势复杂多变，面对如此形式，片面的思想政治教育已不适合

当今政治发展需求，以此，创新大学生思想政治教育理论与实践的理念模式，是大学生思想政治教育理念创新的基本前提和根本旨趣。

（一）主体正确价值观的树立与培养

大学生思想政治教育是人与人之间最直接的思想活动交流，其中包含了政治、文化、经济等多方面的精神交流。基于高校思想政治建设的主要对象是在校学生，对此教育必须坚持以学生为主，积极引导大学生正确的认识自身价值所在以及对国家贡献的厉害所在，能够肩负起自己身上的使命。在校大学生较于初高中生而言价值观、人生观已具有相当的独立性，不同的是大学生在结束校园生活后直接面对的是社会，在此环境中对于如何实现自身价值、如何对社会做出贡献是最直接的问题，对此加强主题思想教育是关键所在，故而，在高校建设中除了保障学生教学需求外，加强正确的、创新的高校思想政治建设必不可少。

培养大学生的自主性，要将传统思想政治教育中的"爱听话""善于听话"这一具有明显误导性、强制性、偏见性的思想割除，在这种思想领导下会让学生在以后的工作中或多或少会带有僵化、被动、生硬的特点，不利于个人强能以及主观能动性的创建和发展。所以，在进行高校思想政治建设首先要培养主体正确的价值观，培养其独立思考、自主学习的创新精神。立足于当下时代发展下的大学生思想政治教育，就要坚持以主体为中心，全面考虑主体的正真所需，尊重主体的精神需求、独立人格，将社会需求和大学生的发展切实有效的联系在一起，科学引导学生选择适合自己的发展途径。

（二）丰富高校思想政治建设方式

大学生思想政治建既要立足于内容创新，也要紧跟时代发展立足于形式创新。做到理论和实践相结合发展，全面促进大学生思想政治教育创新的发展。

1. 积极参与社会实践活动

社会实践和理论教育相辅相成，社会实践以实际行动将理论知识转化为活动，在活动中又将理论加以运用深化，两者之间相互联系。丰富社会实践活动，积极鼓励大学生参加，不仅是形式上创新了大学生思想政治教育的途径，也丰富了思想政治教育的内容。例如：高校社团建设，高校社团由学生自行组建运行，学生作为社团日常活动的组织者和开展者，学生有众多理论知识以及社会经验去学习，特别是有关高校党政社团的建设，学生领导能力以及组织能力的优劣会直接影响到社团的发展。因此，多鼓励学生参见相关社团活动，高校并给予一定的引导和鼓励，让学生在切身的实际活动中学习相关思想政治教育理念。

2. 加强高校思想政治教师队伍建设

现今多数高校存在思想政治教师过于重视向学生讲解理论知识，过于强调思想政治理论的学习，未能有效的和社会实践以及学生切身需求相关联，使得学生处于一种被动的学习状态，严重打击了学生的学习积极性。因此，要加强教师队伍建设，加大教师培训力度，如：授课方式、授课内容、教案编写等多方面，从根本上改变大学生思想政治教育理念的创新。

3. 灵活运用先进媒体平台

新媒体时代下，微信、微博等新型媒体日益强大且效果明显，具有互动性强、时效快等优势，是促进大学生思想政治教育的新平台。一方面，大学思想政治教育充分利用新型媒体资源，是对传统教育方式的改进，尤其是一改只在课堂授课的传统方式，将大学思想政治教育的场所和方式加以解放，从课堂下放至课间乃至随时随地，突破了原有教育的场地和时间限制；另一方面，多元化的媒体大学生思想政治教育更能和当下社会接轨具有消息接收快、传播广等特点，符合大学生的"网络时代"需求，因此，能更好地向大学生进行思想教育、政策宣传。将新媒体如融到大学思想政治教育中，不仅改变了传统的教育模式，而且也丰富了高校思想政治教育的平台，符合当前高校思想政治建设的需求。

大学生思想政治教育事关国家建设，加强高校思想政治教育不仅有利于是大学生自身思想政治建设，而且也有符合我国经济文化发展需求，且这对促进我国繁荣发展至关重要。

第三节 协同理论视角下的大学生思想政治教育创新

中共中央早在 2004 年《关于进一步加强和改进大学生思想政治教育的意见》中就明确指出："要把大学生思想政治教育摆在学校各项工作的首位，贯穿于教育教学的全过程。"可见，加强大学生思想政治教育工作是高校的首要目标。大学生思想政治教育工作是一个复杂的系统工程，既涉及大学生思想政治工作内部各要素的关系，又涉及思想政治教育与高等教育其他子系统的关系，只有协调好这些关系才能增强大学生思想政治工作的实效性。为此，笔者尝试从协同理论的视角进行分析，为增强大学生思想政治教育工作实效性提供新思路。

一、协同理论视域与大学生思想政治教育的联系

（一）目标一致性

在当下大学生思想政治教育过程中，要想提升教育教学的有效性和实效性，需要依托于其它教学方式的融入，以此来形成具协调性、广泛性与规律性的教学体系。而思想教育的教育目标与协同理论的目标呈现出一致性。所以将协同理论渗透于大学生思想政治教育中有着重要的作用，可以有效发展学生的思想道德综合素质，自身形成有效的组织意识，促使思政教育达到事半功倍的效果。

（二）系统开放性

协同理论主要包括教育方式、教育内容以及组织形式等诸多的子系统，而每一个子系统下面还存在着更小的子系统，虽然它们之间是一个个独立的个体，但是彼此之间却也存在着相互协调发展的关系。而大学思政教育本身就具有较强的开放性，因为大学思政教育不仅注重对我国政治政策信息进行获取，同样还汲取着国外的先进教育经验和手段，由此可以看出，二者之间存在开放性联系。

（三）合作多元性

协同理论的研究，是以不同事物为基础，研究其事物自身的协同机制与特征的一种学科理论。虽然协同理论最初体现在自然界的规律体现之中，但是当下协同理论已经被人们逐渐运用各类学科之中，进而为人们的研究和探索提供多元化的思想和方式。经相关调查研究发展，协同理论已经被广泛运用到经济学、化学、社会学以及物理学等领域中，提供了多元化的探索方式。所以，将协同理论融入思政教育之中，可以体现出二者之间的合作多元性，提供了全新的研究视角，并为相关研究者拓展出新的思维方式。

二、将协同理论引入大学生思想政治教育工作的可能性分析

（一）大学生思想政治教育工作是一个开放的、复杂的系统

协同论的自组织原理指出：任何系统，如果缺乏与外界环境进行物质、能量、信息的交流，就会处于孤立状态。这种孤立状态破坏系统内部的有序结构，致使整个系统失去生机。大学生思想政治教育面临的内部、外部环境复杂多变，这就要求思想政治教育工作者及时应对环境的变化，从中获取各种对大学生进行思想政治教育的相关信息，加以整理，及时将其输出给大学

生，以保障思想政治教育系统的有序发展。大学生思想政治教育工作系统由教育者、受教育者、组织、环境等要素组成。各要素之间的相互影响、相互作用的关系均处在不断变化之中，因此思想政治教育工作是一个复杂的系统。

（二）协同论具有普遍的适用性

协同论又称"协同学"或"协和学"，是德国著名物理学家哈肯在 20 世纪 70 年代提出来的。协同论是研究不同事物共同特征及其协同机理的新兴学科，是系统科学的重要分支理论。从协同论的原理看，协同论所揭示的一般原理和规律，为人们研究自然现象、生命起源、生物进化以及社会发展等复杂事物的演化发展规律提供了新的原则和方法。从协同论的应用范围来看，目前协同论已在自然科学领域和人文社会科学领域的取得了重要研究成果，其广泛的适用性显而易见。鉴于此，将协同论引入大学生思想政治教育工作研究不失为一个新的理论视角，这对于大学生思想政治教育理论的发展以及现实问题的解决会起到积极的促进作用。

三、大学生思想政治教育工作引入协同论的现实性

（一）协同是大学生思想政治教育工作发展的客观要求

协同论指出，系统能否发挥协同效应取决于系统内部各子系统的协同作用。如果各子系统能协同合作，系统的整体功能就能得到最大程度的发挥。如果大学生思想政治教育工作系统内部的教育者、受教育者、组织、环境等各子系统内部能够协调、子系统之间能够相互协同，就能产生整体功能大于部分功能之和的协同效应。相反，如果大学生思想政治教育工作系统内部各子系统相互冲突，就不能充分发挥各子系统应有的功能，导致整个系统处于无序状态。在当前新的历史时期，协同创新已成为国家提高科技竞争力和综合经济实力的重要途径。面对知识经济时代信息技术的飞速发展，人才需求的新变化，大学生思想政治教育应适应新形势、新任务的要求，为创新型国家建设培养高素质的人才。在这样的背景下，大学生思想政治教育要做到与时俱进，要做好两方面工作：一方面，要协调内部各子系统之间的相互关系；另一方面，协同一切影响系统发展的外部力量以弥补系统自身发展的不足。如与政府、高校、科研机构、企业开展深层次合作，通过大学生参加社会实践活动增强思想政治教育工作的实效性。

（二）自组织是大学生思想政治教育自我完善的基本途径

所谓自组织是指系统内部各子系统即使没有外部指令也能按照某种规则

自动形成一定的结构或功能。协同论的自组织原理指出，协同是自组织实现有序发展的手段。同样，自组织也是大学生思想政治教育工作有序发展的基本途径。而大学生思想政治教育工作要实现自组织过程，必须具备自组织实现的两个基本条件。其一，系统必须是开放的系统。一个系统只有与外界进行物质、能量、信息的交流，才能存在和发展。大学生思想政治教育工作系统是一个开放的系统，在教育者和受教育者的共同努力下能与复杂多变的外部环境进行信息的交流，保持自身的有序发展。其二，系统内部各子系统必须协调合作。只有系统内部各子系统减少内耗，才能充分发挥各自的功能。大学生思想政治教育工作各子系统内部以及他们之间要能够相互协调配合，实现各自功能的最大限度发挥，产生协同效应，从而保持大学生思想政治工作系统的有序发展。

四、协同理论视角下的大学生思想政治教育工作对策

（一）建立大学生思想政治教育工作系统内部协同关系

一是思想政治理论课理论教学与实践教学的协同。高校思想政治理论课，承担着对大学生进行马克思主义理论教育的任务，是对大学生进行思想政治教育的主渠道、主阵地。然而，思想政治理论课现存的一些问题影响了其育人功能的发挥。如教师对教材的挖掘不够深入、学生对教材的使用率不高等因素使得思想政治理论在课堂上很难进学生头脑；加之思想政治理论课实践教学形式单一、陈旧等因素，也严重影响了思想政治理论课实践育人功能的发挥。如果能通过多种形式实现思想政治理论课理论教学与实践教学的协同，在兼顾学生专业实际的同时，贴近学生思想实际、联系社会发展实际、结合单位用人实际，势必能激发学生接受思想政治教育的自觉性和主动性，增强思想政治理论课教学的实效性，完成立德树人教育的根本任务。

二是思想政治理论课教学队伍与思想政治工作管理队伍的协同。思想政治理论课教学队伍与思想政治工作管理队伍作为高校思想政治教育的两支主要力量，工作内容虽有所不同，但最终目的是相同的，即帮助大学生形成科学且坚定的政治立场，引导大学生树立正确的世界观、人生观和价值观。因此，大学生思想政治教育工作的有效开展离不开这两支队伍的协调配合。各高校可以制定符合本校实际情况的专职教师分院系任教制度和思想政治理论学习课外指导制度。通过这些制度的实施，一方面可以固化思想政治理论课教师与院系的关系，增强思想政治理论课专职教师对大学生思想政治管理工作的支持。另一方面，可以强化思想政治工作管理队伍对思想政治理论课教

学的支持与配合。通过大学生思想政治教育工作内部各子系统的协调，充分发挥各子系统的优势，有利于形成思想政治理论课教学队伍与大学生思想政治工作管理队伍的深度融合、协同联动的工作格局。

（二）建立与校内和校外系统的协同关系

协同论认为，在整个环境中，千差万别的系统间相互影响、相互合作。大学生思想政治教育工作机构虽然是整个思想政治教育工作运行的核心，但只有实现各种思想政治教育资源在高校内部互通有无、互相渗透，才能发挥其最大功能。

一是建立校内协同关系。一方面，要建立与大学生思想政治教育工作相关部门之间的协同关系。高校大学生思想政治教育工作部门主要涉及思想政治理论课教学部、学生处、团委、心理咨询中心、就业指导中心等部门，各部门拥有的物质资源、实践资源和网络资源具有共同的德育目标，相似的德育内容，且各有所长，可以通过相互渗透，实现优势互补，提高资源的使用率。另一方面，要建立与大学生思想政治教育相关学科之间的协同关系。从各高校的实际出发，坚持"高素质为本，高能力为重，高就业为导向"的办学理念，建立就业教育、职业道德教育、心理教育与思想政治教育的协同关系。通过不同学科之间的相互沟通和渗透，加深对学生的了解和认识，提高大学生思想政治教育工作的针对性和实效性。

二是建立校外协同关系。同政府、科研机构、企业开展深度合作，积极推动协同创新，促进资源共享，是新时期高等教育发展新的突破点，也为加强大学生思想政治教育工作指明了方向。建立这种协同关系，既有利于促进地方经济的快速发展，又有利于高校培养适合社会发展的实用人才，提高大学生的综合素质，促进大学生就业。各高校可围绕地方区域经济发展，与政府之间开展深度合作，建立协同创新战略联盟。一方面，根据自身的办学条件和特色，科学处理基础研究与应用开发的关系，与政府机构合力打造产学研用平台，坚持以行业、企业需求带动科研，以科研促进教学的产学研发展思路，利用学校的人力、物力资源开展应用性研究，进行产品研发，培养地方区域经济发展所需的高技能应用型人才。另一方面，各级政府部门通过加强应用型人才、技能人才的统计与需求预测，定期发布人才需求预测报告，为高校人才培养提供信息保障和咨询服务。与此同时，思想政治理论教育工作者可以在大学生参加的各种实践、实习活动中，协同专业课教师，加强教育和引导，帮助大学生树立正确的世界观、人生观和价值观。

第四节 "互联网＋"时代背景下高校思想政治教育的创新路径

大学生是我国网民中最大的群体。当前，互联网在大学生的学习与生活中得到了广泛的应用，从课堂学习到课后学习，从单向学习到互动式学习，大学生已经越来越离不开互联网。"互联网＋"技术的产生与发展推动了各个行业进步，高校思政教育在"互联网＋"技术的影响下发展迅速。但从实际情况来看，当前大学生思政教育仍采用传统教学模式，多数学生难以将理论知识用于实践中，教育质量仍有待提高。在"互联网＋"时代下，高校思想政治教育不能一成不变，我们应该积极面对时代发展带来的挑战，积极创新教育工作，这是高校思想政治教育工作者必须面对与思考的问题。

一、"互联网＋"时代对高校思想政治教育的影响

（一）"互联网＋"时代对高校思想政治教育的挑战

1. "互联网＋"时代加剧了高校思想政治教育者与被教育者的语言鸿沟

自互联网普及以来，思想政治教育的内容在实践中不断增加。在互联网时代下，网络话语权、网络语言暴力等成为高校思政教育新的研究热点。在互联网时代下，网络语言对人们的影响无疑是巨大的，网络语言暴力、网络语言鸿沟等成为社会学者一直在探索的问题。当代大学生也深受网络语言的影响，这就导致大学生与思政教师之间的语言鸿沟，加剧了教育者与被教育者之间的语言冲突，这进一步增加了高校思想政治教育的难度。

2. 对大学生的价值观造成了冲击

互联网技术的快速发展提供了广阔的虚拟网络空间，学生在这些虚拟网络空间中可以获得各种信息，但由于网络平台没有对大量的信息进行筛选，学生自身辨别能力与判断能力仍有待提高，网络不良信息冲击了大学生的价值观，学生看待世界的眼光出现了偏差。大学生价值观多元化给高校思政教育工作带来了新的难题，高校思政教育工作者们往往心有余而力不足。

3. 大学生网络道德行为失范严重

我国关于互联网管理的法律制度尚不完善，对互联网参与主体的网络行为约束力不足，致使网民的网络行为具有较大的随意性。部分大学生长期接

触网络后会误以为可以在网络世界中为所欲为，在网络上肆意发泄情绪、谩骂他人，发表不当言论。

4. 挑战了教师的话语权

在"互联网+"时代下，大学生获得知识的渠道多样，在减轻学生与教师"信息不对称"现象的同时，也使得学生对教师的认可标准提高。在网络语言的影响下，学生们往往更偏爱语言幽默、思想开放的思政教师。同时，互联网的发展也影响了教师在学生心中的权威地位，部分学生甚至会通过百度等网站了解教师讲授的知识，甚至在课堂上教师在讲台上授课，学生在座位上网查找教师讲授的内容与网络回答的差异，传统教师的地位受到了冲击。

（二）"互联网+"时代对高校思想政治教育的机遇

1. "互联网+"时代拓宽了高校思想政治教育的范围

传统教学模式下，高校思政教育工作往往局限于课堂，而枯燥的课堂教学难以吸引学生，教育教学效果不佳。在"互联网+"时代下，教师可以依托校园网等其他网络学习平台开设网络课程，可以在线上与学生交流、互动，甚至实现一对一学习与指导，可以利用互联网实时热点问题与学生探讨与交流，夯实基础知识，引导学生将理论应用于解决实际生活问题中。这一方式可以不仅使思政教育的范围拓宽至课外，而且也延伸至校外，有利于学生进一步了解社会，更好地正视人际交往问题，可以使高校思想政治教育更为贴近学生的生活。

2. 优化了高校思想政治教育的手段

在"互联网+"时代下，教师可以采取微课、慕课等方式实现"线上+线下"的教学模式，教师在制作为微课课件时，也是自我学习、自我提升的一个过程，可以在教学中融入更多的内容，可以不断优化知识结构，降低学生的学习效果，提高大学生学习思政的主动性。与此同时，学生通过微课、慕课能够进一步提高自主学习能力，可以端正思想观念，进入"自省"与"内省"的循环中。

3. 丰富了高校思想政治教育的内容

在互联网思维的影响下，绝大多数大学生有着强烈的求知欲，他们期盼能够接触到更多的思政教育资料。思政教育课本为大学生提供的学习资料有限，学生的求知欲难以被满足。在"互联网+"时代下，受教育者可以通过互联网接触到更多的思政教育资料；教育者可以利用互联网资料补充课本内容，可以拓展学生的视野。

4. 提高了思想政治教育的实效性

"互联网+"信息技术改变了大学生的生活与学习方式，改变了信息传播的模式，为当代大学生营造了活跃、开放的环境，这更容易调动学生的积极性与主观能动性。同时，思政教师通过互联网平台可以更好地掌握大学生的是身心状况，可以更具针对性地调整教学计划与内容，进一步提高大学生思想政治教育的实效性。

二、"互联网+"时代背景下高校思想政治教育的创新路径

（一）改变原有的思政教育理念

在"互联网+"时代下，高校思想政治教师要改变过去"一刀切"的教学理念，要以个性化学习理念指导教学工作。现阶段，信息大爆炸为大学生思想政治教育带来了海量的学习资源，这些资源内容、表现形式存在显著的差异，可以满足不同层次、不同理解能力学生的学习需求，学生可以根据自己的喜好选择学习的内容。思政教育工作者应该认识到"互联网+"时代带来的变化，要围绕学生的实际需求整合教育资源，课堂上不要一味地灌输，要针对不同基础、不同学习能力的学生制定不同的学习方案，努力做到因材施教。

教师还应该树立主体性理念。受"互联网+"技术发展的影响，教师传统的权威地位与话语权受到了挑战，而素质教育更强调了学生的主体地位，这对学生与教师的地位产生了极大的影响。在"互联网+"时代下，大学生往往更为主动，掌握着更多的信息与网络话语权，而教师往往是被动方，甚至部分教师难以跟上"互联网+"时代潮流。面对这一情况，高校思政教师应该树立主体性理念，要认识到当代大学生在网络新环境下并非无条件地接受课本知识与课堂教学内容，在学习过程中也逐渐成为思想政治教育资源与信息的发布者，学习由过去的单向学习变为双向学习。因此，高校思政教师在教学过程中及时转换教学地位，要比学生更为主动了解与学习新的知识，要积极走在时代潮流的前端，更好地指导思政教学。

思政教育工作者还需要牢牢树立"以人为本"的教育理念。思政教育工作的基础是人，新社会的未来发展方向也是个人发展为导向。在大学生思想政治工作中，思政教育工作者们必须秉持着"一切为了学生，为了学生的一切"的理念，在教导大学生的同时，也要充分尊重每位大学生的个性。在高校思想政治教育理念的创新过程中，必须始终坚持"以人为本"的教育理念，即使大学生与思政教育工作者的教育地位发生了巨大的变化，教育工作者们

也要正确看待这一变化过程，要及时转变角色意识，要由过去的绝对权威、控制者抓变为促进者，教育教学要以学生为中心，要尊重、理解、关心学生，而不是批评、轻视学生。

（二）创新高校思想政治教育模式

传统课堂教育模式不仅难以调动学生的学习兴趣，而且会降低学生对思政学习的热情，长此以往容易使学生出现厌学的情绪。教育部在文件中指出，国内高校可以借助已有的线上平台结合本校实际需求开设小规模线上课程教学。在"互联网+"时代下，国内院校与思政教育工作者们应该积极探索大学生思想政治课程线上教育模式，更好地满足新时代思政教育课程的需要。国内高校可以利用已有的校园网架设线上学习模块，联合学校的网络技术人员完善系统，采用交互式网络学习模式让大学生参与到思政学习中，在特定的网络框架中进行双向交流互动，改变过去"填鸭式"的教学模式，师生可以在网络平台上深度交流。思政教育工作者们可以利用线上学习模块与学生共同讨论生活中的时事热点，增加大学生思想政治教育中的"人情味"。值得注意的是，高校在加强思政线上课程建设过程中，不应该过分依赖"互联网+"信息技术，要以引导学生交流、丰富交互体验为导向。除此之外，在"互联网+"时代下，面对多元价值观的冲击，高校思政教育工作者们应该坚守主流文化，利用互联网平台加强主流文化引导，优化思政教育模式，整合内容，提高大学生思想政治教育的实效性。

（三）创新高校思想政治教育方法

互联网的发展使得教育教学方法更为多样，进一步改善了学科教学效果，高校思政教育工作者们应该紧紧跟上时代潮流，通过学生喜闻乐见的方式开展思想政治教育。首先，要在思想政治课堂教学中应用互联网，在课前根据教学内容查找互联网资料与素材，结合他人的资料，立足实际教学情况制作课件，设计教学活动，改变过去思政课堂沉默现象。教育工作者们还可以利用互联网创设教学情境，为学生营造轻松、宽松的教学氛围，让学生置身于契合自身心理特点的情境中学习理论知识，可以明显改善思想政治课堂教学效果。

高校思政教育工作者还应该认识到"互联网+"信息技术在课外教育中的优势，探索适合大学生身心发展特点的课外教学方法。现阶段，大学生的日常生活中越来越离不开微信、QQ等社交软件，所以思政教育工作者可以利用QQ、微信等软件成立公众号或者班级群。在班级群中上传课程资料，学生可以在线下下载学习资料，实现线下学习。除此之外，微信公众号、官方微博等可以成为大学生思政教育的主阵地，定期向学生推送消息；还可以利用校园广播、公共宣传栏等媒介播放与思政教育有关的视频，使学生在日常生活中可以随时接触到思政教育素材，大学生长期在外在环境的影响下，思想政治素养自然会得到提高。

高校思政工作者可以利用信息技术与学生家长合作，实现协同育人。高校思政工作者可以通过微信等与学生家长沟通，就学生的价值观、思想道德水平、思想政治学习情况与学生家长积极沟通，与家长合作共同引导学生树立正确的价值观。同时，高校思政教育工作者也可以通过与家长的沟通了解学生在家的行为，进而调整思政教育内容，进而提高学生的思想政治素养。

（四）优化高校思想政治教育环境

良好的环境是受教育者学习的外部动力，国内高校想尽一切办法优化教育环境，提高教育教学效果。首先，加强监督与管理。在"互联网＋"时代下，学生接触的信息丰富多样，其中的不良信息会对学会本人甚至周围人群产生负面影响。因此，高校应该加强对网络环境的监督，加强对学生网络行为的管理与引导，建立一套完成的工作机制。一旦发现网络舆情问题，立即上报学校相关部门，及时切断信息传播路径，正面应对，避免谣言等负面消息扩散。其次，高校可以尝试与公安等外部力量合作，共同加强对互联网平台的监管，对于造谣、恶意散播谣言的人与机构共同整治与处理，加强警醒教育。

综上所述，在"互联网＋"时代下，高校思想政治教育面临一系列的挑战与机遇，高校思政教育工作者应该创新工作思路与教育方法，认识到"互联网＋"信息技术在课外教育中的优势，优化高校思想政治教育环境，提高思政教育实效性。

第五节 "双创"背景下大学生思想政治教育创新的思考

"大众创业、万众创新"是国家的新兴战略，是富民之道和强国之策，而大学生是实现这一战略的主力军和生力军。《国务院关于深化高等学校创新创业教育改革的实施意见》指出，坚持创新引领创业、创业带动就业，主动适应经济发展新常态，以推进素质教育为主题，以提高人才培养质量为核心，以创新人才培养机制为重点，以完善条件和政策保障为支撑，促进高等教育与科技、经济、社会紧密结合，加快培养规模宏大、富有创新精神、勇于投身实践的创新创业人才队伍。这就要求高校坚持"大众创业、万众创新"的战略导向，将创新创业教育面向全体师生，贯穿人才培养全过程，特别是将创新创业教育与大学生思想政治教育深度融合，切实肩负起培养创新创业人才的重要使命，为国家提供强有力的智力支撑和人才保证。

一、大学生思想政治教育与"双创"教育的关系

（一）大学生思想政治教育与"双创"教育紧密联系、相辅相成

两者之间存在紧密联系，相辅相成，互相影响的关系。首先，大学生思想政治教育作为服务育人工作的重要任务与使命，涉及高等教育事业的方方面面，其不仅仅是通过简单的几节思想政治教育课程就做好的，需要与日常的管理、教学等紧密联系，同时也应该贯穿于大学生创新创业教育过程中。接受了良好思想政治教育的大学生具备较高的思想道德素养，具有较强的法制意识与观念，在创新创业的过程中，会遵纪守法，坚持诚实守信的原则，保证产品的质量与服务的品质。其次，大学生创新创业教育的开展，是对大学生思想政治教育结果的检验与验证。只有具备较高思想道德素质的大学生，才能在创新创业的过程中，做好服务，才能赢得消费者的信赖，创造一定的知名企业品牌与企业信誉，最后才能将自己的小事业做大做强。

（二）大学生思想政治教育与"双创"教育在教育目标上具有一致性

大学生思想政治教育工作和大学生创新创业教育都是高等教育事业、人才培养模式的基础性工作，在教育目标与人才培养目标上具有一定的一致性。思想政治教育工作主要是引导大学生树立正确的人生观、价值观，明确的就业观择业观，为将来步入社会奠定一定的基础，让大学生学习、了解中国历史发展的进程，正确认识中国共产党在抗日战争、新中国建设、现代化的社会主义建设过程中发挥的重要作用与意义。深刻认识、领会，新时代、新时期习近平总书记重要讲话的精神，并将其应用到日常的学习、科研过程中。培养政治立场坚定、思想道德高尚、拥护社会主义现代建设的新时期高素质人才。创新创业教育是在学习的过程中，培养大学生的创新型思维、创新意识，具备较强创业能力的新时代大学生，在增强自身综合素质的同时，能够为现代化社会主义建设添砖加瓦，为中华民族的伟大复兴中国梦的实现贡献自己的力量。

二、开展"双创"教育是大举生愚想政治教育的必然选择

创新创业教育为大学生思想政治教育提供了新理念、新内容、新载体，赋予思想政治教育强大的时代生命力和现实针对性。因此，创新创业教育成

为大学生思想政治教育的关键点、切入点和着力点，成为新时期大学生思想政治教育的必然选择。

（一）思想政治教育时代性的客观需要

思想政治教育的时代性强调思想政治教育要与时代"同频共振"。当前，在"大众创新，万众创业"的时代背景下，不论从国家战略导向还是高等教育发展趋势都迫切要求大学生思想政治教育顺应创新创业这一时代主题，促进创新创业教育与思想政治教育的深度融合和互利共赢。

从国家层面来看，党的十八大提出实施创新驱动发展战略，强调科技创新是提高社会生产力和综合国力的战略支撑，必须摆在国家发展全局的核心位置。而创新驱动的本质在于人才驱动，着力培养创新创业人才是实现创新驱动发展战略的重要保证。作为创新创业人才培养的集散地，高校是实施创新驱动发展战略的重要引擎。因此，高校要自觉地与国家经济社会发展的新要求贴紧靠实，不断满足国家社会对创新创业人才的需求，为创新驱动发展提供强有力的人才支撑和智力保障。

从高等教育层面来看，2015 年，国务院印发了统筹推进世界一流大学和一流学科建设总体方案》。（《方案》指出，坚持以一流为目标，引导和支持具备一定实力的高水平大学和高水平学科瞄准世界一流，汇聚优质资源，培养一流人才，产出一流成果，加快走向世界一流。由此可见，建设"双一流"大学必须培养一流人才，而创新创业能力是衡量一流人才的重要标准，创新创业型人才是一流人才的重要构成。因此，高校要以培养创新创业型人才为突破口，助力一流人才培养，进而全面助推"双一流"建设。

（二）思想政治教育价值性的内在需求

创新创业教育具有两个维度，一个是"人"，一个是"才"。"人"的培养致力于培养学生的创新精神和创新人格，让创新成为思想自觉和行动自觉，"才"的培养致力于培养学生的创新思维和创新能力，使其想创新、会创新、能创新。创新创业教育正是通过"人与"才"两个维度促进大学生个性化发展，彰显其个人价值；与此同时，创新创业教育促进大学生与社会实践相结合、与社会需求相适合，在实现教育的个人价值基础上实现社会价值。思想政治教育价值是思想政治教育以自身的属性和功能满足社会和个人发展需要的效益关系，而创新创业教育通过实现大学生个人价值与社会价值的完美结合而满足了思想政治教育的价值性需求。

从个人价值层面来看，在培养创新创业"人"的角度，创新创业教育旨在树立大学生正确的"创新观"和"创业观"，使大学生具备创新创业的理想信念。这种创新创业的理想信念教育与思想政治教育的理想信念教育不谋而合，前者是后者的满足和补充。从培养创新创业"才"的角度，创新创业教育旨在培养大学生的创新思维、创业能力，彰显尊重个性、尊重人格的思想，符合大学生的个性诉求，充分发挥了大学生的主体性，实现了思想政治教育个性化培养的目标。

从社会价值层面来看，思想政治教育的社会价值以个人价值为基础，通过受教者在社会活动中的思想和行为影响社会的发展走向。创新创业教育所培养的人才充分彰显了创新思维、创业意识、创新能力、创新人格的个人价值，而随着他们步入社会，这种个人价值在国家社会中延伸拓展，他们的技术、能力同社会需求相结合，他们由知识的拥有者成为社会价值的创造者、成为国家社会发展的贡献者。

三、"双创"背景下大学生思想政治教育的新思路

创新创业教育是高校人才培养的重要需求，大学生思想政治教育工作要以培养创新创业人才这一"需求侧"为导向，改革"供给侧"，不断提高供给端质量，不断提供更高级的教育"产品"，不断增强思想政治教育的实效性、针对性。

（一）更新大学生思想政治教育理念

2015 年，李克强总理五四青年节给清华大学学生回信中指出，"大众创业、万众创新"核心在于激发人的创造力，尤其在于激发青年的创造力。大学生思想政治教育工作要牢固树立激发学生创造力的理念，一方面以思想政治教育引领创新创业教育的价值导向，塑造创新创业教育的精神内核，另一方面以创新创业教育践行思想政治教育理论，推进思想政治教育的实践创新，着力培养创新创业人才。

坚持个人发展与全面发展相结合。相比传统的大学生思想政治教育，创新创业教育注重个人发展，充分彰显个体的价值。这就要求思想政治教育要不断满足个体的生存发展需要，以个体为教育的出发点和落脚点，促进大学生个性自由发展。

坚持知识传授与能力提升相结合。传统的大学生思想政治教育主要是理论灌输、强调知识的传授。而创新创业教育是一种由传授知识转化为创造知识，由储备知识转化为激活知识的教育。这就要求思想政治教育以能力提升为目标，在理论与实践、教学与科研、灌输与互动、继承与创新的交汇点上持续发力。

坚持理论教育与实践教育相结合。传统的思想政治教育主要采用简单机械的方式进行说教，而创新创业教育强调理论教育与实践教育并重。这就要求思想政治教育必须把理论教育与实践教育充分结合，以理论发展引领实践发展，既善于在实践中提炼理论，又善于把理论运用到实践，培养以知促行、知行合一的大学生。

（二）拓展大学生思想政治教育内容

就业观、择业观、创业观是人生观、价值观的具体表现。大学生思想政治教育工作要将就业观、择业观、创业观教育纳入思想政治教育体系，培养大学生的创新精神、创业能力和创新人格。

开展就业观、择业观教育。就业观教育是引导大学生正确认识自我，准确把握就业形势和就业政策，树立良好就业价值观的教育。择业观教育是引导大学生树立远大的职业理想，既将工作作为谋生的职业也要作为谋心的事业，在服务社会、服务人民中彰显自身价值。大学生思想政治教育要开展就业形势分析、就业政策宣传、择业技巧训练、择业心理调试等全方位教育，帮助大学生认清就业形势，了解就业政策、调整就业心态，端正择业观念，实现个人优势和社会需求的兼顾，助推大学生职业生涯的顺利开展。

开展创业观教育。创业观教育是引导大学生端正创业动机，培养创业的精神和能力，为创业活动奠定思想基础的教育。大学生思想政治教育要紧紧围绕"为何创业、为谁创业"这一主题，为大学生创业提供精神指向。提升大学生的创业道德和创业心理素质，让大学生始终保持良好的社会责任感和使命感，始终保持积极乐观健康的心理状态。

（三）创新思想政治教育模式

创新创业教育是贴近学生学习生活、满足学生现实目标的教育。这就需要大学生思想政治教育突破"千人一面""千篇一律"的模式，围绕创新创业主题，从政治话语、官方话语转向学生话语、生活话语，说管用的话、说问题的话，让思想政治教育的长远目标与现实目标相结合，不断提升思想政治教育的生动性和活力性。

发挥课堂教学的主渠道作用。要建立多层次、立体化的创新创业教育课程体系，一方面，充分发挥思想政治理论课的作用，将思想政治理论课与创新创业教育有机融合，深入开发思想政治理论课丰富的创新创业教育资源，激发思想政治理论课丰富的创新创业潜质，让思想政治理论课成为创新创业教育的"源头活水"。另一方面，要构建创新创业教育课程体系，开设创新创业与领导力》创新创业实践》创新思维》等专门课程，启发、引导学生创新精神和创造意识。与此同时，要不断创新课堂教学方法，引入小组讨论、案例分析、社会调查等教学方法，着力培养"善创意、会创新、能创造、勇创业"的人才。

充分发挥校园文化的主阵地作用。大学生思想政治教育要充分发挥日常思想政治教育这一"第二课堂"的作用，以创新创业引领高校文化建设，努力为学生营造全方位、多层次的创新创业生态。通过团课、团日活动、班会、主题教育活动开展创新创业教育，实现创新创业教育的常态化和全覆盖；邀请知名学者、名企高管、知名创业者、优秀校友举办创新创业沙龙、论坛、讲座，将创新创业基因深植学生体内，深入挖掘、培养、选树创新创业典型，充分发挥典型的示范引领作用；开展科技创新、创业计划、创业模拟大赛，增强创新创业教育的实战性和现场感，真正将创新创业型人才"育"出来、"润"出来。

此外，要充分发挥网络思想政治教育的作用，利用微博、微信、移动客户端等新媒体了解大学生创新创业心理、传播创新创业理念、开展创新创业咨询，不断提升思想政治教育的针对性和实效性。

（四）完善思想政治教育机制

大学生思想政治教育要构建与创新创业教育相适应的体制机制，完善制度设计，为创新创业教育提供坚实保障。

配齐建强教师队伍。"两课"教师、德育教师是创新创业教育的实施者指导者，他们的创新创业意识、能力潜移默化地影响着创新创业人才的培养。要加强"两课"教师、德育教师创新创业技能训练，引导他们开展创新创业的理论和案例研究，实现教师队伍的专业化、职业化，形成创新创业导师人才库。要建立创新创业教育兼职队伍，聘请企业家、创业成功人士、知名学者走上大学讲台，对大学生进行创新创业实践性指导，形成校内外协同培养创新创业人才的良好态势。

构建协同育人机制。要整合校内外资源，推进高校部门与部门、高校与高校、高校与政府、高校与企业之间的合作互动，构建创新创业人才协同培养新模式。要打造校内创业孵化基地、创新梦工厂，提供政策支撑和服务保障，孵化学生创新创业成果；要建立校外创新创业实践基地，让学生参与体验企业的运作，促进大学生将理论知识转化为实际能力，引导创新创业活动向社会化、实战化方向发展，激发学生创新创业的热情与活力。

第四章 新媒体时代高校思想政治教育工作的创新发展

第一节 新媒体时代高校思想政治教育的现状

一、新媒体环境下大学生思想政治教育存在的问题

（一）传统的教育理念滞后

在新技术的影响下，科技也开始走进大学课堂。课堂上已不仅仅局限于传统的授课方式，而是融入了新媒体技术来加强老师与学生的交流。例如QQ、微信、贴吧等网络互动平台，虽然这和传统课堂相比进步了许多，但仍没能突破传统教育的禁锢，学生和老师之间的联系较少。在以思想政治教育者为主体开展的教学实践活动中，大学生仍不具备发言权。这就在一定程度上影响了师生之间的和谐关系，教师在学校制度的指导下没有考虑学生的接受能力，盲目的传输学术思想，这不利于发挥学生的主动性。但这种模式依然代代流传，直到今天仍未有新的教学模式出现。

在我的问卷调查数据中，在辅导员与班主任应该用何种方式与学生交流，占总调查人数51%的被调查者选择了手机并且表示利用手机与老师进行交流可减少对老师的恐惧感进而能更好地联络师生感情。只有占总调查人数37%选择了通过课下交流或者谈心的方式，另外将近12%的学生认为由于传统教育观念的禁锢，大学生与辅导员之间很难进行真正的交流。其实，大学生非常乐于与高校思想政治教育工作者通过手机和网络实现更好的平等交流和互动。

（二）高校对媒介素养的重视不够

在科技日益发展的今天，新媒体与人们的生活联系更加密切。这在高校中也不例外，学生在课外闲暇之余有很多接触新媒体的机会。在新媒体与人

们生活联系日益密切时，我们也应该思考新媒体会对大学生产生哪些影响。一方面，大学生可以借助新媒体加强与外界的联系，帮助大学生探索书本以外的世界；另一方面，如果过于频繁的接触新媒体，那么将会对学习产生难以预想的后果。此外，新媒体还加强了世界各地的联系，在各地物质文明相交融的影响下，大学生如果不具备辨别好坏的能力，那么就会很容易会受到价值取向的干扰，无法识别和摒除不良的虚假信息。这些也是高校教育需要面对和处理的问题，因此，除了给学生传递学业知识外，学校也应宣传新媒体防范知识，帮助大学生积极面对与克服新媒体发展过程中的弊端从而更好地将新媒体与学业结合。

（三）大学生思想政治教育的形式单一

在日常实际中，学校开展思想教育主要是进行授课，最后以考试的方法来对大学生进行思想教育考核或者召开讲座强迫大学生去参加。这几种方式沿袭传统，大学生的积极性低，并没有从内心真正地去接受，也就意味着这种教育方法根本行不通。当今时代，新媒体技术为大学生的学习提供了便利，大学生通过新媒体可以从不同的渠道获取新知识，这就意味着大学生选择接受教育的方式已经不仅仅局限于传统的形式。此外，当前阶段大学生受到的规定和约束相对比较少，可以凭着自己的想法去选择学习思想政治内容的途径。调查过程中同样发现教育者具有较高水平的知识技能，可以很好地使用思想政治教育网站，可惜平台里充斥着落后的教学观念，知识信息与大学生需求不接轨。其中，教育工作者没有紧跟时代潮流，没有及时更新知识框架，也导致了学校官方课程网甚至出现无人问津的情况。一部分高校管理大学生工作的负责人、辅导员、班主任等都纷纷开通了与大学生交流和互动的网络互动平台，但是平日里除了一些的简单问候外，师生之间缺乏学术的讨论，更多的只是大学生之间的交流互动。需要改进的是，在知识传播中老师与学生的交流过于机械化与僵硬化。师生间的交流只限于学业的传授，这就导致了师生关系与学生的预期期望严重不对称，想开展思想教育工作难上加难。因此，思想政治教育工作者应转换语言表达方式，把毫无生趣的语言向学生易接受的语言形式方面转变，为教育工作的顺利开展打下基础。

（四）新媒体的平台技术、资源开发不够

第一，新媒体思想政治教育的建设与推行过程缓慢。这主要由于高校基础设施不完善，校园网网络覆盖范围小。大学生上网仅局限于特定区域，无法随时随地的通过新媒体接受思想政治教育，另一方面是由于学校上网需求多，再加上网络设施不健全。所以，导致网速慢，将无法保障大学生正常的生活与学习质量。

第二，思想政治教育网站分布散乱不容易查询。新媒体建设过程是一项长远而艰巨的任务，难免存在高校建设速度不同步的现象。当前时期内，仅有小部分的高校建立了完善的教育网站供师生间交流，大多数学校仍停留于陈旧单一的网站；二是多数高校建起的大学生思想政治教育网站，涉及与大学生学习、生活息息相关的板块和信息非常少，更新速度慢、交互性差、浏览量小、大学生参与率低。

第三，高科技行业队伍建设不完善，具备较高网络知识与技能的人员较少，没有专门的网络队伍。新媒体作为新兴的技术，在其发展的阶段重视度并不是很高。在相当多的高校内，学校不重视新媒体工作的开展，这就很难在学校范围内营造高科技思想教育的良好氛围。在我的问卷调查数据中，发现着手于新媒体维护与负责的人员更少，大多是班级负责人在本班范围内传达一些政治思想，这与新媒体是不相关的。我们也应该有这样一种认识，无论是专门从事新媒体的工作人员，还是与新媒体工作不相关者，多数思想、政治、经济工作者都缺乏对新媒体理论以及网络技术系统化的培训和学习，这将直接对高校利用新媒体开展大学生思想政治教育工作造成阻碍，不利于工作的开展。第四，大部门学校并不是有意开展新媒体思想政治教育，只是基于当前阶段下为吸引学生的注意力而实行的，没有一定的工作计划与安排，这就决定新媒体进行思想教育的路途并不是一帆风顺的。此外，高校对新媒体重视程度不够，没有足够的资金投入。学校只是把新媒体思想政治教育作为一种尝试，大部分教育工作的开展都是通过老师教授，考试考核的评判标准为依托。对于新媒体来说，由于设施建设不完善，无法对其教育质量做出评论分析；因此不能作为考核的条件之一，这也从侧面反映了新媒体不能取得较好的发展。

（五）新媒体的工作制度和监管机制不健全

新媒体之所以不能广泛流行还要追溯其自身原因。新媒体作为一种技术，要想获得广泛的关注力，就要加强各地的信息交流。由于缺乏管理机制，故一些人将会投机取巧发布一些虚假信息来混淆大学生的视线。大学生缺乏社会经验，在错综复杂的信息中很难学会正确辨别信息，如果接触了不良信息，那么将影响大学生的世界观。另一方面，大学生应该投身于学习，但由于很多学生把新媒体作为宣泄的工具，这就不利于构造文明的新媒体环境。在对相关问题的调查中发现，许多高校并没有建立相关细则来约束新媒体的传播和大学生的行为。同时，在对认为学校新媒体应加强哪些工作建设的调研中，很多大学生希望学校进一步建立新媒体校园管理约束措施，来保障新媒体的平稳发展。从大学生的建议中，高校领导者应把提高校园新媒体的约束力作为当前工作的重中之重，为学生提供一个良好的学习环境。只有这样，才能促进高校思想道德建设。

二、新媒体时代高校思想政治教育工作对策

新媒体时代下，如何不断创新和完善高校思想政治教育方式方法，增强高校思想政治教育的吸引力、感染力和说服力，有效提高大学生思想政治教育工作的实效性，是当前高校思想政治教育工作要解决的重要问题。

（一）巩固主渠道，在新媒体上建设思想政治教育新课堂

利用新媒体技术建设高校思想政治教育新课堂，充分发挥新媒体技术的吸引力和影响力，提升自我学习、自我教育效果。

在课堂内，要从积极转变大学生对思想政治教育的消极学习态度入手，持续推进多媒体辅助式教学，适时注入、更新教学素材，将文字、声音、图像、视频等媒体元素融为一体，丰富课堂教学内容。并通过网络进行师生合作，积极开发、充实课程资源，使理论课程内容保持新颖、生动。在课堂外，要积极开展网络教学：一是搭建平台，建立高校思想政治理论课学习交流网站；二是开设思想政治理论网络课堂，让学生自由选择学习内容，通过内容丰富、形式多样的网络课堂进行教学；三是实行网上和网下无缝链接，建立一个覆盖高校而又覆盖社会的立体交叉大网络，课内课外互补。

（二）更新教育观念，拓展新媒体环境下高校思想政治教育工作新途径

传统的"灌输式"思想政治教育说教方式，容易使大学生产生逆反心理，教育效果微弱。当代大学生思想活跃、见识广博、思维独立，对新媒体技术充满兴趣，引入新媒体教育技术，将会为高校思想政治教育工作创造新的平台、开辟新的途径。

一是丰富了新内容。传统思想政治工作内容陈旧、单一，如共产主义教育、爱国主义教育、集体主义教育等，不易为学生接受。网络带来的海量信息、新媒体技术的应用、专题网站的建设，增添了主题教育形式，丰富了主题教育的具体内容，增强了思想政治教育的吸引力和说服力，提高了教育实效性。二是提供了新手段。随着时代发展，传统的思想政治教育工作手段，如课堂集中学习、课下讨论等方式，学生感到无趣、无味。新媒体时代出现

了很多适应当代大学生教育的新方法、新手段如微博、贴吧、BBS、网上直播、即时通信、短信群发等，实现了信息的双向交流，使思想政治工作的手段越来越丰富多样，学生往往也更乐于、易于接受。三是拓展了新领域。新媒体具有共享性强、覆盖面广、不受时空限制等特点，很多高校课内采取新媒体技术立体教学，课外通过建立 QQ 群、微博、开辟校园论坛板块和网络特色主页等，广泛开展丰富多彩的"网上互动、网下联动"的立体化交互活动，通过课内、课外和网络紧密结合的方式，组成高校思想政治教育平台，为每个学生提供独立表达自己的观点、意见的渠道，强化他们对思想政治教育内容的记忆、理解和认同，以便及时了解和发现学生思想中出现的不良倾向，快速做出评判、答复、澄清，消除学生的负面认识。

（三）提高教育者水平，增添高校思想政治教育工作新活力

新媒体时代下，各地高校都积极把教育教学改革作为进一步加强和改进大学生思想政治教育的重要举措，但高校教育工作者还存在能力参差不齐、整体建设水平不尽如人意等问题，尤其是在现代教育技术的运用方面。教育团队的建设是高校思想政治教育工作的基础和前提，不断提高教育者水平、加快高校硬件建设将为大学生思想政治教育工作注入新活力。

一是积极转变观念，不断提高教育者媒体素养。高校思想政治教育工作应把新媒体素养纳入团队建设的素质体系，围绕新媒体基础知识、新媒体技术、新媒体伦理道德等方面举办学术论坛或专题讲座，让广大教育工作者加深对新媒体的认识和了解，还可以通过进修培训、外出学习考察等形式，拓展学习空间、创造学习条件。高校教育工作者应养成日常上网的习惯，利用新媒体技术与学生保持"亲密"接触，做"服务型、事务型、交流型"教育者。"服务型"就是向学生提供思想教育、学生党建（包含时事热点）、心理健康知识、形势政策教育、学生事务管理（包含奖、贷、勤、助、免）、校园文化、职业生涯规划与就业指导等教育资源，如指导学生如何申请助学贷款、撰写学术论文等；"事务型"就是通过公布制度、发布通知等信息，便于学生查询了解学校发展动向、课程学习安排，同时也可记录自身具体工作内容、工作思考、工作体会、工作技巧等；"交流型"就是通过发表见解和看法，引导学生讨论，与学生沟通交流思想。二是加大投入，加快高校思想政治教育硬件建设。应用现代教育技术已成为教育教学改革的制高点与突破点。新媒体时代下，将新媒体技术运用到高校思想政治教育工作中，对提升思想政治教育吸引力、拓展思想政治教育空间、实现思想政治教育效果起着重要的作用。发展现代教育技术，实现教育技术现代化离不开硬件设施的建设，通过

加强校园网络基础设施建设，改善上网条件，申建专题多媒体教室、微格教室等措施，加快硬件设施建设，为教师应用新媒体教育技术开展思想政治教育工作创造更好的条件。

（四）合理利用新媒体，构建和谐校园文化建设新内涵

新媒体时代的高校文化建设需要将新媒体文化建设与校园文化建设紧密结合，把校园网络文化、手机文化等建设纳入到和谐校园文化建设的总体格局，以增添校园文化的新内容、延伸校园文化的新内涵、扩展校园文化的新功能。新媒体条件下，优化校园网络环境无疑成为高校和谐校园文化建设的重要组成部分，同时也是校园文化建设新的优势和内涵。把新媒体的教育功能纳入思想政治教育的大系统中，以主题网站、论坛、博客等各种受大学生欢迎的形式开展，将社会主义思想道德根植于他们的心灵深处，在网络环境下建立正确的精神信仰和行为习惯，使现实社会与虚拟世界有效结合，促进思想政治教育与新媒体价值影响的相互协调，能够更好地营造健康向上、活泼生动的校园文化氛围。良好的校园文化更能促进师生感情，高校思想政治教育工作者在课堂上与学生是师生、朋友，在课下是网友、"粉丝"，通过校园文化完成师生感情的教育渗透。

第二节　新媒体时代高校思想政治教育的挑战与机遇

20 世纪下半叶兴起的新科技革命浪潮，正在将人类社会推向一个全新的信息时代——新媒体时代。面对新媒体时代所出现的新情况、新问题，研究高校思想政治教育的新特点，提出高校思想政治教育的新要求，这是新媒体时代对高校思想政治教育工作者提出的新课题。

一、新媒体时代的新特征

迄今为止，媒体的发展大致经历了精英媒体、大众媒体、个人媒体三个阶段。这三个阶段也分别代表着传播发展的农业时代、工业时代和信息时代。作为一种伴随着媒体的发生与发展而在不断发展、不断变化的新媒体时代，它拥有诸多新特征，概括起来主要是：

（一）主体的平等性和自由性

传统媒体（报刊、广播、电视等）所发布的信息一般由专业人员提供，其内容除了受到专业人士所代表的群体的价值影响之外，还需要经职能部门

审核，在传播者和受众之间呈现出一定的不对等性。新媒体的广泛应用，除却部分传播信息是由专业人士提供外，更多信息（如短信、微博、论坛等）都是由大众提供的，任何人都可以通过网络、微博、QQ、飞信和微信等新媒体工具，自由地发表个人意见，表达自己的主张。不同个体发布信息、发表观点、表达意见都是平等而且是具有个性的。每个人既是信息的发布者，又是信息的接收者。以此类推，这也意味着每个人既是施教者同时又是受教育者。同时，这种自由性还表现在：由于信息的接受者不同，信息的价值也会有较大的不同。对于不同受众的主体来说，有的信息没有任何意义，有的信息反而带来负面的影响。因此，同样的信息含量，仅仅因为其传播的途径，信息操纵者和接收者的个人价值观不同，就能使信息价值具有多重性，而这也是新媒体时代的一个显著特征。

（二）内容的丰富性与便捷性

新媒体时代，通过新媒体技术，新媒体承载和传播的信息流特别庞大。从表现形式上看，有相对静态的文字信息和动态的画面信息，还有立体的声音信息等内容。从信息来源上看，有政府的官方正式通知、公告，集体或个人的合法官网等类型的合法信息；也有虚假广告、色情网站、诈骗信息和非法传销等信息；同时也有中性信息，如风土人情介绍、无伤大雅的八卦消息、休闲娱乐的游戏等信息。就信息内容本身来说，有影视作品、学术研究专著、文学作品和个人言论等。由上可见，新媒体时代信息内容是极其丰富的，这也是新媒体时代的一个显著特征。不仅如此，新媒体还极大地显示了信息检索的便捷性。社会在进步，科技在发展，网络硬件软件技术都得到极大的提升，服务器的速度也极大提高，使得信息的流动和储存能力惊人的加大。同时，信息检索工具的开发与利用，使得信息传输，检索和查阅变得轻松便捷。根据自己的需求，人们通过网络可以检索到大量的信息，包括文本和非文本的信息，还可以利用相关的软件对检索的信息快速地进行再利用，极大地方便了人类的学习和生活。这是新媒体时代与社会生活之间的关系特性。

（三）形式的多样性与交互性

新媒体时代，信息的形式有了更丰富的发展。社会的发展依托于科技的支撑，科技的快速发展，使得各种电子设备快速地更新换代，使新媒体的载体的功能得到不断开发与拓展。目前，手机打破了以往时空的限制，较之电脑更便于携带，沟通更便捷。通过短信，人们可以发送文字信息，语音留言，尤其是微信的流行更方便了手机的沟通。现在，人们也可以通过网络进行各方面的交流，用文字、语音甚至视频进行聊天，通过电话会议、网络视频会议实现遥控的业务的处理；同时，在言论自由的当下，人们也可以通过各种平台获取信息，发表见解阐述观点，表达意愿，从而便捷地实现公民的舆论监督权利。总之，在新媒体时代，以写信（纸质信件）、发电报等传递信息的方式已基本被取代，新媒体可以对各种信息进行多种方式的传送，而且其传播形式也越来越复杂多样，也越来越适合当代人们的主流追求，越来越适应当今时代发展的需要。

交互性是新媒体区别于以往媒体最突出的特点，它包含两层含义：一是信息发送者和接受者之间的信息交流是双向的；二是参与双方在信息交流过程中都有话语权和控制权。传统媒体（报刊、广播、电影、电视等）的信息交流具有单向性，信息反馈比较慢，交互性就比较差。数字技术使得信息采集和制作变得简单易行，个体只要利用文本输入系统（电脑、手机等）、数码相机等，就可以轻易地编辑或发送文字和图片。通过以数字化为重要特征的新媒体，每个人可以同时进行并完成信息的传播和信息的接收。在新媒体时代，信息传播的双方信息交流采用的是双向互动的方式，这便于及时理解与沟通。

（四）语境的虚拟性和开放性

虚拟性是新媒体的重要特征，它的表现形态主要有三种：首先是信息本身的虚拟性。新媒体技术，将越来越多逼真的现实环境创造出来，形成了一种全新的时空概念。每个使用新媒体的大众都是这个虚拟世界中的一员，他们运用新媒体进行彼此间的交流和沟通。新媒休信息技术将真实世界和虚拟世界之间的界限变得越来越模糊，人们的认知方式也随之被改变。其次，传播关系的虚拟性。新媒体以数字符号的形式将信息传播出去，在整个新媒体交往过程中，个人的性别、年龄、职业、身份等基本特征都被无形的掩盖了，剩下的仅仅是利用虚拟符号进行沟通和交往。再次，空间的虚拟性。虚拟空间（网上商店、虚拟社区、虚拟社团）中的每一个成员，通过新媒体可以在特殊的空间里进行学习、交友、娱乐、购物等。虚拟性不仅拓宽了人类的生存空间，而且借助互联网将整个世界连接成"地球村"，呈现信息传播和交流的"无障碍"，充分彰显其开放性。在新媒体这个开放世界里，人们之间几乎不存在国家和民族的界限，网络媒体把世界连成一个有机整体，大大加强了它的全球性。同时，也使受众具有了"全球化"的特征，今天世界上任何地方发生的任何事，只要上了网瞬间即可传遍全球，成为全球人共享的信息。

（五）服务的个性化与分享性

新媒体时代，基于web2.0的信息技术平台，使得每一个信息参与人都有一个终端（如 IP 地址、手机号码等），传播者可以轻松地对信息进行分类，并发送到每个地址中去。此外，受众也可以通过新媒体进行信息的定制和检索，如各类搜索引擎。这样，每一个新媒体用户都可以发布和接受完全个性化的信息，大众传播转变为"小众传播"。当前，媒体生态已经发生了变化，随着新媒体技术对信息中心化的打破、成本的降低和小众传播的展开，话语权已经不再掌握在传播者手中，受众逐渐参与到价值链的上游，在进行分享信息的同时，与传播者进行着平等的对话，于是，"阅众分享"和"去中心化"便成为新媒体两大关键点。

（六）信息来源的隐蔽性和相对封闭的社群化

与传统媒体相比，新媒体具有隐蔽性特点，信息的编辑者和传播者可以选择利用隐藏身份信息的方式进行信息传播，许多信息无从考证，甚至一些虚假信息会对大众产生不良影响。虽然我国在新媒体尤其是网络媒体的管理上加大力度，出台了一些管理办法及规范制度，但是由于经济利益等因素的驱使，许多不法分子伪造假身份证进行上网或购卡，从事非法活动，信息的来源仍然具有很强的隐蔽性。此外，由于网络上的人们大多是以各种社区、论坛等虚拟空间"群居"的，因此"群"内的信息仅限于"群"内的共享，表现出一种封闭性、高度聚合性和跨越时间性的特征。

二、新媒体时代高校思想政治教育的新特点

随着新媒体时代的来临，互联网、手机等新媒体的逐渐普及和应用，高校大学生作为"数字化生存"的最先体验者之一，获得了与世界同步发展和充分展示个人才能的空间，其思想观念、知识获取、价值取向、人际交往和行为方式等，也已深深地烙上了新媒体时代的痕迹。基于这个大环境，高校思想政治教育呈现出新的特点。

（一）思想政治教育环境的复杂化

新媒体具有打破时空限制、消解主体边界的特点，在拉近线上距离的同时，一定程度上不仅使得人际交往的能力下降，也容易诱发大学生产生心理信任危机和人格障碍等心理问题。与此同时，新媒体不仅为大学生提供了娱乐休闲、控诉发泄等的平台，也提供了引发各种病态人格和网络犯罪的土壤。随着新媒体时代的到来，高校思想政治教育强行灌输和社会舆论的制约力量已失去了原有的优势，高校思想政治教育引导与规范难度日益加大，环境变得越来越复杂了。

（二）思想政治教育主体性特征明显化

新媒体时代，高校思想政治教育主体性特征包括两方面：一是教育者的主体性。新媒体使得思想政治教育的方式变得灵活，教育者要想收到最好的教育效果，就必须通过充分发挥主动性和积极性，努力探索新媒体环境下思想政治教育的有效途径。二是海量信息给予了大学生根据自己需要选择信息的机会。在传统思想政治教育中，教育与被教育现实存在的关系，使得教育者往往被看作是思想权威进行思想理论灌输。在新媒体时代，现实社会中的性别、身份和特权等因素都在弱化，每个人都可以平等地发表意见和寻找交流对象。这会颠覆现实社会奉行的权威意识和等级观念，极大提升人们尊重个体尊严、承认个体权利的文化意识。新媒体时代高校思想政治教育中传受双方的平等地位，将会大大降低受教育者的排斥情绪和戒备心理，使得双方的亲和力和人情味变得更易接受，以引导取代说服的形式也将会收到更显著的成效。

（三）思想政治教育信息来源的立体化

传统高校思想政治教育的重要信息源大量源自于理论、方针和政策，政治性强，加之有限的信息量和内容的滞后性，缺乏时代感、吸引力。在新媒体时代，教育者或者受教育者只要拥有一台联网电脑或移动手机，即可方便快捷地获取和传播大量的即时信息，了解国外政治、文化、经济、思想、社会生活；同时还可以随时随地进行思想和信息的交流，此时国界、时空、种族、性别、年龄已经被跨越，信息来源和传播渠道变得立体化，实现了思想政治教育与其他传播媒介的优势互补。来自社会这所大学校里的名家辅导、经典案例、专题影像等，以学生容易接受的图像、文字、音视频等多种形式出现，全方位影响大学生的思想、价值观念和行为习惯。因此，新媒体背景下，大学生所获得的思想政治教育的信息形态将从静态走向动态，从平面性走向立体化，教育效果也明显得到增强。

（四）思想政治教育手段的多样化

高校思想政治教育的时空限制已经因新媒体而发生了迁移，教育者和受教者可以在任何一个设有终端的地方随时传播和获取所需知识。同时教育者可采取的教育手段也趋向多样，既可以组织学生收看优质视频公开课、网上讨论、网上作业，也可以开展网上谈心活动等等。新媒体的广泛运用，大大减轻了教师备课负担，有效提高了思想政治教育信息传播的速度和效率，尤其是多样的信息形态刺激多种感官，使得大学生更易于接受。特别是虚拟信息传播技术的运用，活泼的全息影音动画以及其他多媒体仿真画面，可以使教学变得生动有趣，效果显著提升。

（五）思想政治教育效果的经济化

在新媒体时代，非线性传播的高校思想政治教育专题网站，或者各大门户网站上的专题讨论，或者各类共享课和各种话题的风起云涌，有一个共同的特点就是能够实现资料的共享。与以往高校思想政治教育的效果相比，这样既避免了人力、物力的浪费，又合理配置教育、教学资源，有效实现思想政治教育效果最大化。

三、新媒体时代高校思想政治教育的新要求

在新媒体时代，依据新媒体时代高校思想政治教育的新特点，为促进高校思想政治教育与新媒体的有机契合，增强思想政治工作的针对性和实效性，需要对高校思想政治教育提出新要求。

（一）把握"三个导向"，坚持做好新媒体时代高校思想政治教育

一是开放与引导理念导向。首先，要坚持高校思想政治教育自身的开放性。随着新媒体技术的发展，应当充分运用新媒体技术不断整合各种有利的资源，开拓思想政治教育的有效途径。虚拟性、自由性、主体性、多样性、开放性是这个时代的元素，教育主体（教育者）和教育客体（受教育者）共生于一个开放的世界中；教育介体从固定走向移动、从可控走向不可控；教育环体也突破现实走向虚拟、由有限走向无限，使思想政治教育能够紧贴时代发展，及时回应时代问题。其次，要坚持高校大学生思想政治素养思维发展的开放性。处在成长期的高校大学生，他们的政治观和价值观也都处在不断的成型之中，其个人体验也在随着环境的变化与教育的深化而不断修正中。这就要求高校思想政治教育必须打破封闭的教育环境，不断拓展教育的开放性，积极引导学生树立科学的世界观、人生观、价值观和道德观。

开放与引导是相辅相成的，二者缺一不可。引导实际上是把关，即通过选择、筛选、剔除等过程，从海量网络信息中为大学生提供有益于身心发展和个人成长成才的信息。新媒体时代引导理念就是要确立"引导为主、管理为辅"的教育理念，以社会主义核心价值观为引领，抓住情感主线，把培养能力和发展个性有机结合，促进人的全面发展。同时，应充分发挥双方的主观能动性，突出学生个性发展，采取多种形式，提高思想政治教育工作的实效。

二是平等与互动理念导向。新媒体环境下，高校思想政治教育不仅是一个开放的系统，更是一个互动的系统。以往高校思想政治教育中的单向灌输

严重忽视了大学生的独立性和创造性，无法激发大学生的兴趣和主观自觉。新媒体的平等性则满足和迎合了大学生对于平等和尊重的需求，向思想政治教育的权威性和主导性提出前所未有的挑战。平等互动理念，将有利于创造和谐共生的生态环境，有利于相互尊重和共同探讨，也有利于尊重教育对象的主体性，使得思想政治教育更具有亲和性。新媒体环境下的教育介体和教育环体为主客体提供了平等的交流机会，这就激活了主客体的主体性，充分开启了主客体的自主性、能动性和创造性。在高校思想政治教育中，要尊重学生的主体地位，通过创新情景和激励引导等途径，唤起学生的主体意识，激发学生主体的自觉性、能动性和创造性，以达到自我教育、自我锤炼、自我修养的效果，从而取得思想政治教育的实效。三是服务理念导向。服务理念导向，主要体现在突出教育性和针对性方面：首先是教育性。新媒体时代，纷繁复杂良莠不齐的信息在扩大学生的视野的同时，也会引发心理问题，甚至出现一些漠视生命的现象。因此，要全面树立以学生为本的服务理念，建立健全教育者和受教者的互动体系，及时洞察学生的心理，加强教育，预防和控制心理问题的产生。在教育的过程中，注重解决思想问题与实际困难，把大学生思想政治教育落实到理解和关怀的基点上，贴近学生的生活实际，切实关心学生疾苦，这样才能使思想政治工作取得成效。其次是针对性。要从关注思想政治教育的可接受性和关注思想政治教育对象的个性特征着手，在加强大学生整体教育的同时，还必须针对学生的个性进行具体教育、个体教育，帮助他们由他律走向自律的转化，实现人的全面发展。为此，高校思想政治教育要以服务理念为导向，加强思想政治教育的针对性，通过多种新媒体形式增强教育的吸引力和感染力，使高校思想政治教育真正收到实效。

（二）坚持贴近社会、专业和生活，优化高校思想政治教育的内容结构

目前的高校思想政治教育内容的理论性与实践性结合得还很不够，在内容结构安排以及语言描述方面，也都较生硬、晦涩，与实际需要有所脱节。为此，今后在内容结构优化方面应做到"三贴近"：

一要贴近社会现实。以往高校思想政治教育存在的一个突出问题就是教育内容结构体系严重滞后于经济发展，滞后于国内、国外形势的发展和变化。新媒体时代，由于网络的"无屏障"，不仅拉近了人们与经济发展的距离，也缩小了人们与世界的距离。基于此，高校思想政治教育内容结构体系的改革，必须密切关注社会现实问题和网络上的热点问题，尽快推出与现实相适应的思想政治教育内容，以更好地激发大学生对社会现实的关注，用正确的世界

观和方法论，理性地看待我国社会主义现代化进程中出现的各种问题，并且逐步学会能够运用自己的聪明才智去解决问题。

二要贴近专业要求。以往传统思想政治教育存在泛知识化现象，将思想政治教育和专业理论、专业技能等智力教育同起来，将思想政治教育人为地与其他类型的教育分裂开来，使得高校思想政治教育处于弱势地位。在新媒体时代，新媒体所传播的海量信息，其中也有许多信息是与大学生所学专业息息相关的，也就是说是有益于大学生专业学习的。因此，新媒体时代高校思想政治教育应当密切思想政治教育与专业教育之间的相互交融关系，促进高校思想政治教育的内容与专业理论、专业技能的紧密联系，使之有助于大学生的专业选择、学习和素质的提升；同时，在社会生活中，道德是客观存在的，道德是人聪明、完善之本，也是社会和谐、发展之基，进行专业教育应以培养有道德的人为前提，只有认识到这一点，才能真正实现为社会培养出全面发展的有德性的职业人。

三要贴近学生实际。首先，是与学生的学习相结合。新媒体时代的高校学生，获取信息的渠道是全方位的，任何脱离实际的教育内容只会让受教育者产生冷漠、反感甚至是逆反心理，所以，高校思想政治教育内容除了马克思主义理论以及党的纲领、路线、方针、政策法规等以外，还应有如一切对身心人格健康有益的知识、道德文化和习俗习气、科学精神和人文精神、生活方式和行为规范、民主和法制意识、社会热点和焦点等等，让学生从被动接受变为主动选择和接受，通过增加创新教育的思想、人与自然协调共存的世界观、生态道德、全球意识、媒体素养等教育内容，用新的内容去教育和武装学生，使学生得到更多实际的、有效的引导和帮助。其次，是与学生生活相结合。大学生实际上是"半社会人"，正处于成人的关键时期，必然会经历一些成长的蜕变。高校思想政治教育内容既要有利于锻炼学生的现实生活能力，又要培养学生的未来可持续发展的能力。要从关注大学生日常生活中的实际问题入手，帮助他们排忧解难；要积极引导大学生学会生存，学会尊重和关心他人，学会共同生活；要培养在活动中的积极参与和合作精神；要倡导他们研究人类面临的普遍问题，增强全球意识和人文关怀；要关注人的现实和虚拟生存环境和生活质量，维护人类的尊严，完善道德品德和全面发展问题；同时还要有意识地培养大学生具有国际观念和意识，树立为全球服务的观念，具有开展国际合作交流与国际竞争的知识和能力。只有在学生生活的不同领域全方位、最大限度地贴近学生，高校思想政治教育内容才能最大范围地被学生接受、认同和转化，思想政治教育实效性才能实现。

（三）激发"微活力"，打造"微活动"

对于思想政治教育，相比较传统的课堂主渠道，各种各样的来自基层的校园文化活动显然是重要的思想政治教育教育载体，多彩的校园文化活动不仅丰富了校园生活，也锻炼了学生的心智和各方面的能力。但不可否认，目前学校尤其是高等院校中会出现这样的现象：每一项活动似乎只有少部分积极分子（主要是班级或校系学生会干部及社团人员）是主力和活跃参与者，大部分学生往往更愿意观望甚至漠不关心。新媒体时代及其相关的无穷选择正在改变文化需求，需要我们把多数学生是否得到综合素质的锻炼，在锻炼中是否形成高尚品德，作为决定活动成败的关键。为打造好各项"微活动"，当前需要在三个方面加以改进：一是在活动组织上，要充分发挥学生的主体作用。要树立一切以学生需求为出发点的工作理念，精心组织，充实和加强学生线的力量，能力探索开展适合各类学生发展的不同层次的"微活动"。二是在活动方法上，要有选择性地降低活动的难度，多组织一些容纳性大、低门槛的活动，扩大参与面，让尽可能多的学生参与到活动中来。三是在活动内容设计上，要适度包容，重视研究学生多元化的需求，对那些不被多数人接受或者参与面小的活动，要正确地加以引导和整合，以增强学生的归属感和主人翁精神，真正体现德育无微不至的关怀。总之，创造"微平台"是一个新尝试，需要强调的是：在教育定位上，既要适合不同学生的自身特点，也要与其发展取向相吻合；在教育设置方面，既要精心构建微型化的专题教育体系，满足学生的多样化选择，也要完成不同需求下的微德育体验，引导学生进行自觉的道德约束。

（四）提升媒介素养，打造复合型、专家型的思想政治教育队伍

媒介素养是指公众接触、解读、使用媒介的素质和修养，包括三个环节：接触媒介、获取信息；解读媒介、批判地接受媒介信息；利用媒介工作和生活，通过媒介发出声音并维护自己的利益。针对新媒体环境下信息泛滥、价值多样的现象，高校思想政治教育工作者的媒介素养不仅仅是"说服""传递"信息能力的提高，更重要的是信息"分析""鉴别""筛选""评价""引导"能力的提升、完善。这就给高校思想政治教育工作者提出了新要求：首先，要努力学习和提高马克思主义理论水平和思想政治工作艺术，坚定自己的理论自信和道路自信，熟悉和掌握新媒体时代高校思想政治教育基本规律。其次，要精通传播学，充分了解和学习计算机技术、网络技术和手机新媒体的有关应用知识，掌握新媒体特点，科学使用新媒体。再次，要熟练使用新媒体，使用BBS（电子公告板）、Usenet（电子新闻组）、E-Mail（电子邮件）、CHAT（实

时聊天系统），开辟相应的"论坛""微博""飞信""微信"等等，与大学生进行思想上的交流和互动，努力使自己成为复合型、专家型的高校思想政治教育工作者。只有这样，高校思想政治教育工作者才能与大学生开展互动交流，在交流中进行有效引导，从而提高大学生思想政治教育工作的实效性。

第三节 新媒体时代高校思想政治教育创新研究

新媒体时代的来临赋予了信息传播突出的时代特征，表现为信息内容丰富、信息形式多样、信息价值多重、信息来源隐蔽、信息检索便捷、信息真伪难辨等。迅猛发展的新媒体技术为人们获取信息提供了极大的便捷，同时，新媒体作为一种有效的潜移默化的思想政治教育方式，对高校大学生的思想观念、道德评价、政治意识、价值判断的形成和发展有着极其重要的影响和作用。因此，必须更新新媒体时代高校思想政治教育理念，充分利用新媒体的诸多优势，以促进高校思想政治教育动力生成。

一、新媒体应用于高校思想政治教育的优势分析

（一）新媒体的内涵特征

不同于报纸、广播、电视等传统媒体，新媒体是以网络媒体、手机媒体、数字电视、触摸媒体、博客、播客、维客、微博等新的媒体形态，利用数字技术、网络技术，通过互联网、宽带局域网、无线通信网以及卫星技术等渠道，以计算机、手机、数字电视为终端，向用户提供信息和娱乐服务。新媒体引起人们生活方式的改变和思想观念的变革，从根本上颠覆了人类传统的生活模式，它将信息传播技术应用到商业、教育、管理、文化、艺术等领域，已经成为信息社会中最新最广泛的信息载体，更加成为当代高校学生获取和交流信息的重要渠道。新媒体深受学生的关注和喜爱，极大地改变了学生的生活方式、思维方式和价值观念，为当前高校思想政治教育提供了新颖环境和良好机遇。

（二）新媒体应用于高校思想政治教育的特殊优势

新媒体作为知识传播和信息交流的有效工具，成为高校思想政治教育工作的重要传播载体，有着许多特殊优势。第一，新媒体的权威性。新媒体继承和发扬了传统媒体的优良作风，成为国家和政府的重要舆论宣传阵地，是党和国家路线、方针、政策的权威传播者和解释者，这是新媒体在思想政治教育工作中发挥重要作用的政治优势。第二，新媒体的覆盖性。新媒体面对

公众、面向社会，具有很强的覆盖辐射能力，各种新的媒体类型在传播方式上各有所长、优势互补，不受时空限制，随时随地可共享信息。新媒体这一特点契合了高校学生群体的年龄、性格、生活习惯等特点，使其成为新媒体受众群中极为重要的组成部分，这对做好高校思想政治教育工作具有不可忽视的作用。第三，新媒体的先进性。新媒体以其技术优势扩大了大众传播魅力，使得接收更便捷、选择更多样、信息更及时、效果更完美，富有鲜明的时代特征。大学生乐于接受和尝试新技术带来的先进体验，这是新媒体做好高校思想政治教育工作无与伦比的技术优势。

二、新媒体时代高校思想政治教育的现实观照与问题考察

（一）新媒体时代高校思想政治教育的现状特点

在全国多个城市关于新媒体背景下高校思想政治教育现状的调查中，得出基本相近的结论。一是高校学生使用新媒体的现状。以电脑媒体和手机媒体为主要代表的新媒体已成为高校学生学习、生活不可或缺的工具；在书籍、报刊、广播、电视、手机、电脑等多种传播媒介中，高校学生把互联网和手机作为首选并最喜欢的媒介载体；多个统计调查显示，高校学生每日上网的平均时间均在2小时以上；而上网的目的中"娱乐"常常排在首位，以"学习"为第一目的的选择均不足调查对象总数的一半。二是高校学生对新媒体的认知现状。高校学生普遍认为新媒体应用门槛较低，使在校学习和生活变得更加丰富和便捷，他们乐于享受新媒体应用于他们的学习、生活之中；新媒体的平等、开放性为高校学生提供了一个自由的话语空间，为他们发表个人观点、展示个性提供了一个自由平台；大多数高校学生对于新媒体生产的信息具有一定的辨别力，但对信息的理解深度和批判能力尚待加强；1/3的高校学生意识到新媒体对其思想观念和价值取向有较大影响。三是高校思想政治教育使用和接受新媒体的现状。新媒体以其高效快捷的通信方式被广泛地应用于课堂教学、日常事务管理和思想政治教育工作中，高校学生班集体、党团组织应用QQ群、飞信群、博客、微博、社交网站等多种新媒体载体建立了特点迥异的交流空间；高校学生更多地选择在网络空间借助新媒体与思想政治教育工作者袒露心声；在调查中发现，学生更喜欢高校思想政治教育活动采取多种方式和手段，充分利用新媒体。

（二）新媒体时代高校思想政治教育的突出问题

新媒体时代高校思想政治教育的调查现状反映了高校学生具备了接触新

媒体的条件和使用新媒体所应具有的基本媒介素养，为我们有效利用新媒体做好高校思想政治教育提供了有利条件。但同时也看到，新媒体时代高校思想政治教育也存在着诸多问题。首先，高校思想政治教育主体媒介素养缺失，高校学生和思想政治教育工作者审视、批判和使用新媒体的能力均有待提升。其次，高校思想政治教育内容不能满足时代需求，随着新媒体技术的发展和普及，应及时汲取有价值的知识信息，丰富高校思想政治教育资源和视野。再次，高校思想政治教育手段相对落后，高校校园新媒体应用仍处于将传统教育方式简单"复制"为新媒体形式，并未将新媒体时代思想政治教育新理念融入教育实践之中，开展形式多样、生动活泼、现实与虚拟相结合的思想政治教育精品活动。最后，高校思想政治教育环境复杂多样，新媒体时代使得文化多元化，多元文化冲击着人们的传统思想体系，影响着每个国家和社会的意识形态发展，高校学生所处的各种环境经历着不断变革，日益复杂多样，因此，以先进的思想、主旋律的声音进行信息传播，牢固主流文化、营造和谐教育环境是高校思想政治教育面临的挑战。

三、新媒体时代高校思想政治教育的创新发展

（一）利用新媒体创新高校思想政治教育主体

首先，努力提高高校学生的媒介素养。将媒介素养教育寓于课堂教学、思想引导、实践活动等思想政治教育工作各个层面。注重意见领袖的发掘和培养，发挥学生网络特殊群体的作用，在信息传播活动中树立优秀"学生把关人"，增强高校思想政治教育的主体性意识，提升学生的政治素质和自律精神，增强新媒体空间自管自治能力。其次，培养"专家型"的思想政治教育工作者。以思想政治教育的现代化为先导，更新教育观念，充分认识到新媒体时代为教育者带来的紧迫感，要努力学习传播学知识，掌握传播技巧，发挥信息优势，灵活运用一般传播原理和方法，把握思想政治教育规律，巧用新媒体，增强思想政治教育的传播效果。最后，发挥媒体融合优势互补的综合效应。熟悉和掌握各类新媒体的特点，比如IM即时通信（QQ、MSN等）可实现高校思想政治教育的便捷沟通；Email的有效快捷定位可提高高校思想政治教育的针对性和准确性；SNS的公共交流平台可实现高校思想政治教育主客体的平等互动；Blog的个性展示与自律可提升高校思想政治教育的自我教育养成；微博的即时讯息订阅可增强高校思想政治教育的信息动态把握。尊重教育客体的主体性，综合选择运用多种媒体进行优势互补，实现有效互动。

（二）利用新媒体创新高校思想政治教育途径

首先，大力拓展高校思想政治教育理论课教育教学主渠道。努力实现思想政治教育理论课课堂互动，通过新媒体技术实现对精品课程的广播、点播和直播，将文字、声像等媒体元素融于一体，大力应用在理论课教学实践中，增强教学的吸引力和感染力，实现思想政治教育理论课教育教学双向交流。其次，着力巩固校园媒体思想政治教育新阵地。依托校园媒体建立一种为我所用的网络舆情疏导机制，关注学生中的焦点、难点和疑点，与学生进行良性互动，用正确、积极、健康的思想文化占领新媒体阵地；依托校园媒体建立一支为我所用的红色新媒体"把关人"队伍，由高校学生主管部门、宣传部、辅导员团队、理论课教师团队、学生党员、学生干部、校园媒体管理员等组成，活跃在校园媒体各个板块之间，促进形成正确的舆论导向。最后，努力探索高校思想政治教育好抓手。打造高校学生班集体"QQ群""博客群""飞信群""人人网公共主页"和辅导员"博客群"等，创建有效交流沟通信息平台，为学生交流学习心得体会、分享生活感受感想、了解时事政治及社会热点等交换自己的意见和观点，使学生主动热情地参与到思想政治教育活动中来。

（三）利用新媒体创新高校思想政治教育策略

首先，以高校"红色网站"建设为中心的主体策略。注重网站形式，采取迎合学子"口味"的形式，精心设计教育内容，扩大新媒体宣传阵营，加大高校思想政治教育软件开发力度，提升高校思想政治教育的技术先进性。其次，以网络内外联动为中心的技术策略。占领思想政治教育新阵地，应不失时机地找准切入点，夯实网下思想政治工作基础，构筑校园网上网下联动、全员参与、全时监控的立体交叉网络。加强新媒体与传统媒体的合作，利用传统媒体的优势介绍校园新媒体的丰富资讯。最后，以增强可接受性为中心的内容策略。要深入研究高校学生的心理特征和需求，有针对性地设计和选择适当的教育方式，以满足学生身心成长的需要，在内容上要注重针对性和灵活性、生动性和艺术性、真实性和服务性、层次性和时效性、一致性和连贯性，提高高校思想政治教育的效果。

第四节 新媒体时代高校思想政治教育载体研究

一、新媒体时代高校开发和创新思想政治教育载体的必要性

思想政治教育载体不是一成不变的，它历来都是随着时代环境和教育内容变化而变化的。在新媒体时代，思想政治教育内容不断丰富，就要求思想政治教育载体也必须要不断拓展创新，这不仅是适应高校思想政治教育环境变化的需要，也是载体自身发展的要求，更是增强思想政治教育载体实效性的需要。

（一）适应高校思想政治教育环境变化的需要

高校校园环境及学习氛围能给予人巨大的精神力量，在高校中进行学术科研及教学活动所具备的求真务实和认真负责的精神能使大学生在生活、学习及行为方式等方面得到很大的提升。高校通过开展多姿多彩的学术课堂、文化宣传、管理模式、课外拓展等活动，构建健康的、优秀的社会主义校园环境，不仅能够促进大学生的全面发展，更能使具有个性特长的学生找到适合自己发展的方向，增强个人自信，实现个人价值。但随着新媒体在高校范围内的广泛使用，大学生被新媒体所吸引，减少了在学习和研究方面的时间，沉浸在新媒体构造的虚拟世界里，高校原先浓厚的学术氛围开始淡化，思想政治教育的作用也逐渐被削消解。

新媒体时代高校思想政治教育面临的校园环境变化给高校思想政治教育载体的开发和创新造成了一定的影响。高校现阶段使用的课堂载体、活动载体、文化载体和管理载体所承载的思想政治教育内容开始显现出了滞后性和低效性，多样的新媒体网络平台的广泛覆盖进一步增加了高校思想政治教育引导的难度。新媒体时代大学生的日益强烈的自我意识和自尊心使高校现有思想政治教育载体效力下降，新媒体技术的开放性和交互性满足了大学生互相交流的强烈需求。这样，高校原有的单方面传递信息的各类思想政治教育载体就会失去吸引力。在这样的校园环境下，教育者应该及时更新观念，强化知识，积极把握正确的思想政治教育方向改善课堂载体，丰富活动载体的形式，将管理载体进一步入性化，积极引导大学生接受思想政治教育。

（二）高校思想政治教育载体自身发展的要求

现阶段，高校各种新媒体的使用率大大超过以往，思想政治教育载体作为紧跟时代潮流的物质存在也应该和新媒体紧密结合。新媒体和思想政治教育载体的结合能够很大程度地提高思想政治教育载体的使用效率，能够促进思想政治教育载体的更新。

任何一个拥有强大生命力和光明发展前景的事物都是始终保持不断创新的状态。传统思想政治教育载体是教育者在长期教学实践中经验和智慧的结晶，具有非常宝贵的价值。但是在新媒体时代，其实用性开始显露出与时代脱节的现象。当前，新媒体充斥着高校校园的每个角落，传统思想政治教育载体开始受到时代发展的制约，实效性开始下降，吸引力不足，逐渐凸显出了自身的不足。在这样的情况下，传统的思想政治教育载体要想继续生存下去，不被新环境所淘汰，就必须要和新媒体相结合进行必要的改造，在保证自身价值实现的同时能够应对新环境提出的各种新挑战和新要求。反之，如果继续保持原有的状态，不进行任何转变的话，那传统的思想政治教育载体就会成为只能供人参观的"古物"，没有任何实际的实践意义。

因此，高校思想政治教育的载体必须要与时俱进，与新媒体时代步伐接轨，不断发展和超越自身，用一切办法创造新的办法，永葆高校思想政治教育载体的青春活力。

（三）增强高校思想政治教育实效性的需要

在新媒体时代，利用新媒体进行学习已经成为一种生活常态，新媒体以其强大的渗透力影响着大学生的行为和思维方式。传统思想政治教育载体已经不能满足大学生的多项需求。为了增强高校思想政治教育载体的实效性，就必须要认真考虑大学生的心理和需求，有针对性地进行思想政治教育载体的开发和创新。

大学生是思维非常活跃的群体，也是新鲜事物最强能力的接受者，他们的需求丰富多样，想法也是天马行空，他们有着不同的个人爱好，也会有着需要开导的思想困惑。对于不能一概而论的各类情况，高校思想政治教育者采用什么样的载体能更有实效性地解决这些问题，就是新媒体时代高校开发和创新高校思想政治教育载体的意义。对于置身新媒体时代的大学生，教育者怎样采用不同的载体来引导和指导他们辨别五花八门的信息和避免不良思潮的侵害是教育者开发和创新思想政治教育载体的重要目标。

一个载体的选择和运用最主要的就是要考虑它教育实效性，因为只有选择正确的载体才能有针对性地解决问题。传统的载体形式单一、模式固化，已经不能满足当前多样化的大学生需求，继承传统载体的优势、进行新媒体载体创新，才能在体现传统思想政治教育载体的价值的基础上继续提升高校思想政治教育载体的效力。

二、新媒体时代高校开发与创新思想政治教育载体策略

在新媒体时代，开发和创新高校思想政治教育载体的策略，必须与当前阶段的教育工作特征紧密相连，也就是说开发和创新高校思想政治教育载体要从以下方面去考虑：一要积极利用新媒体努力加强对高校思想政治教育传统载体的改造；二要有效利用新媒体技术不断完善目前高校已使用的新媒体载体功能；三要借助新媒体技术，不断丰富高校新媒体载体形式。

（一）加强高校思想政治教育传统载体的改造

课堂、活动、文化和管理等传统思想政治教育载体已经在高校长期的思想政治教育实践过程中形成了很强的主体优势并产生了良好的教育效果，但随着新媒体发展促使的高校教育环境变化，传统思想政治教育载体出现了某些环节和方面不相适应的情况。因此，根据实际情况，高校教育者应对传统载体加以完善，在内容、形式上进行优化，使之紧跟新媒体时代高校思想政治教育的潮流。

1. 提升课堂载体知识趣味

与其他思想政治教育载体比较而言，高校思想政治教育课程载体具有稳定性，并且课堂载体的知识体系也非常完备，是目前高校对学生进行思想政治教育的最基本载体。在当前新媒体技术飞速发展并广泛应用的背景下，要充分利用新媒体技术加强思想政治教育理论课这一载体建设。

首先，要利用新媒体技术优化创新课堂教学的方法和手段。大学生的思想普遍比较活跃，传统的知识灌输教学方法很难再吸引住学生的注意力。所以，思想政治教育理论课的教学方法必须要进行改革和创新。比如，在传统的思想政治教育课堂，为了保证课堂出勤率，教师通常会使用点名册点查看到场人数。而现阶段，有的教师出新意，采用微信点名方式。教师会在上课前现场建立班级的微信群组，每个同学通过扫描群组二维码来进入群组。当群组人数等于该班级应到人数时，老师便完成了该堂课的点名任务。俗话说"好的开始就是成功的一半"，利用微信进行课堂点名，既保证了学生的出勤率，也激发了学生学习思想政治教育课程的兴趣。

其次，要增强学生的主体意识。以往高校的思想政治教育课堂是教师主讲，学生主记。其实作为意识形态课程，思想政治教育的最终目标是能够引

导学生将理论知识内化为自身的意识和修养，并规范自己的行为，增强自己的自律性。目前思想政治教育课堂还是浮于理论教授的表面，学生听完了事，不会思考，不会内化，最后以考试评估完成学习，根本没有达到"育"的目的，只有"教"的过程。而将课堂中教师的主体地位让与学生时，这个问题就会迎刃而解。

无论哪一种新媒体和课堂载体的结合使用，都离不开教学方式的创新和重视学生的主体地位。新媒体时代，只有将高校思想政治教育载体与新媒体相结合，才能形成整体效应，弥补传统高校思想政治教育课堂载体的诸多不足。

2. 简化活动载体开展流程

为了进一步增强思想政治教育课堂理论知识和社会实践活动结合的效果，各大高校会尽可能鼓励大学生参加社会实践活动并提供必要的经费支持。现阶段，高校许多实践活动经费的审批是个非常琐碎且耗时的过程，很多时候往往因为经费的未及时到位会削弱学生参与活动的积极性。针对这一现象，学校可以在支付宝等网络支付平台开设学校活动经费审批的服务窗，学生申请活动经费时，可以直接通过支付宝的服务窗口进行活动项目的申请，在线填写申请缘由和相关信息之后，由学校负责经费审批部门的人员在后台核实并在短时间内尽快予以审批通过与否的答复。审批通过后，款项直接拨入活动负责人的支护宝账户，既方便又快捷，且符合当前高校大学生使用网络支付平台的习惯。并且，支付宝能够提供各项欠款的收支明细，活动结束后，审核活动细节也能够得到很好的保障。这样一来，活动的组织和进行省去了许多不必要的时间，也会极大地提高学生参与活动的热情。

高校活动的开展除了要有经费的保障，还需要场地、人员和其他资源的支持。高校思想政治教育活动场地通常会设在社区、博物馆、纪念馆等地方。但是这些地方数目繁多，很多大学生不太了解，即使有想参加的学生，也可能分不清哪些可以进行实践，哪些不可以。新媒体时代有个最大的特征的就是网络能搞定一切，几乎所有的信息在网络上都能查询。高校可以在校网或者微信平台，创建与学校有合作的场地查询服务号，附上场地详细信息介绍和开放时间，并提供在线预约功能，学生可以自行也可以集中组织前往实践场地。这样的活动组织形式给了大学生极大的自主选择性，可以避免传统的活动组织的形式主义和学生参与度不高的问题。

3. 增添管理载体人文关怀

从以人为本的角度出发，高校的管理载体不仅要重视规章制度，更要重视人情道理。就以谈话沟通为例，这一管理载体形式主要是教育者对学生进行的面对面式的交流过程，这个过程不仅仅是思想和语言的互动，更是情感的互动和交流，想要达到深刻、有效的目标，就必须以情感为前提，建立教育者和学生之间信任机制。但是现阶段高校学生和教师之间的关系并没有达到情感交融的程度，要学生对教育者吐露心声，可能很多学生会碍于教师的严肃面孔而不敢言说或者直接置于心里不会与教育者进行交流。但新媒体可以很好地避免这样的问题，微信、微博等多种即时交流软件给了羞于与教育者面对面交谈的学生一个非常好的平台。在这些平台中，学生和教育者可以不必面对面，但是在胜似实际的场景进行交流。学生和教育者可以采用语音、文字等形式进行沟通，并且类似微信这样一对一的交流方式又充分保障了学生的隐私心理，很多问题可以在双方都比较舒坦的情况下就得以解决。

虽然在今天新媒体技术广泛应用的背景下，师生之间很多交流可以通过线上交流实现，但是线上交流永远不能代替面对面的、能够体会到对方情感态度的谈话交流，而有时正是这种情感态度信息对于大学生的正确的规范认知和健全的自我认知具有重要意义。

（二）完善高校思想政治教育新媒体载体功能

新媒体技术的发展促使了高校部分教育者已经开始选择运用一些新媒体载体，只是由于受到技术、人员和资金等因素的限制制约，这些新媒体载体没有很好地发挥其思想政治教育载体功能，存在着需要进一步完善的地方。因此，不断完善青岛民办高校目前已使用的新媒体载体，是当前青岛民办高校思想政治教育载体发展的重要任务之一。

1.加强论坛建设

高校网络论坛就像一个集体居住的社区，它的群体广泛，且没有阶级身份之分，每个人都可以在其中畅所欲言，深受高校师生的喜爱。在网络论坛里，由于看不见身份信息，学生可以是教师，传递其思想政治教育观念，教师也可以是学生，学习其他人的思想政治教育理念。在论坛里，也不仅仅是思想政治教育内容的阵地，各种时事热点也是人们热烈讨论的对象，且在淡化身份背景的情况下每个人可以阐述自己最真实的想法。但是任何事物都具有两面性，高校论坛也是如此，正是因为隐去了身份背景，部分大学生的自我约束和言论规范意识还不是很强，在论坛发言的过程中，会不顾后果任意散布不良言语或者捏造谣言。这样的情况如果不能及时改善，将会成为高校思想政治教育的极大隐患。论坛是一个集中性很强的地方，如果对不良现象不加以及时的制止，会对其他大学生的思想和人格以及心理健康产生负面影响。所以，对于高校网络论坛载体必须要时刻把握好言论的方向和趋势，不能被不良风向弱化思想政治教育的影响。

把握论坛言论的方向和趋势，加强网络论坛的建设，完善网络论坛载体功能，要做好以下几点：首先，学校要在后台能够建立实名体制，每位参与论坛的人在注册时要采用实名注册，并填写相关的个人信息。在论坛发言过程中可以选择隐匿个人真实信息，但是一旦被举报或者发现有不良行为的出现，可以立即根据后台的实名信息进行警告和制止。其次，高校要完善论坛的管理规章制度，细化惩处规范，还可以采用黑名单制度，如果有人多次违规发言且屡教不改可以直接取消其发言资格，将其剔除论坛。最后，高校还要建立一个完善的应急处理和联动机制，促使学校各部门密切配合，设立舆情监控机制，及时处理论坛紧急情况和多样诉求，确保论坛运作正常运行。

2. 强化 QQ 群功能

QQ 群的作用与飞信类似，是为用户建立的一个群体即时通信平台。但飞信只能一对一或一对多发信息，QQ 群可以一对一、一对多、多对多和多对一进行交流。通常，高校管理者或者教师在创建群以后，会邀请学生或者教师在群里交流、谈论共同感兴趣的话题，也可以交流关于思想政治教育的看法。另外，在现实中开展的班会和其他会议中由于受到时间的限制，不可能每一位同学都进行发言，也不能保证每个发言的同学能及时得到老师的反馈，现在 QQ 群提供了 7*24 全天候都能使用的在线平台，学生随时可以发言阐述观点，与老师和其他学生互动。群内除了可以进行即时交流和讨论，还可以上传和共享各种资料和信息。不过，没有尽善尽美的事物，QQ 群的一个弊端在于有时群里发言或资料数量过多时，易造成无序和混乱，学生、教师没有办法精准快速地找到自己需要的内容。针对这一现象，管理者需要进行群组规范，不管是学生还是老师，能及时对群里的信息进行整理归纳，将会便于学生和教师的后期使用。除了规范群组，QQ 群的主要教育者还可以指定个别学生为群管理员，作为管理副手在线帮助教师上传课件、课表、作业以及其他相关信息与其他同学共享，将 QQ 群功能发挥至最大和最有效。

（三）丰富高校思想政治教育新媒体载体形式

创新是民族进步的灵魂，也是推动高校思想政治教育载体发展的不竭动力。在新媒体时代高校应该充分利用新媒体技术丰富高校思想政治教育载体的形式。

1. 建立微博平台

当前，微博作为新兴的自媒体平台，较之以往博客部落，因其互动性强、即时交流超方便受到大学生的热烈推崇。微博一经注册申请即成为私人的发言平台，且微博字数限制为 140 字，能简练快捷地表达各种信息，微博设有转发、评论和点赞三种互动方式，可轻松与他人进行交流，因此，微博用户近年来呈现出"炸裂"式增长趋势。微博之所以受欢迎，是因为微博作为一种网络的发布个人信息平台，只要互相交换微博账号就可以进行互访，并且微博内容多样且更新及时，版面简洁清爽，大部分内容已经经过发布者的精简提炼，能满足大学生的碎片化阅读的需求。高校应该鼓励思想政治教育专职教师利用微博开展教学工作，创新工作教学，拓展教学平台。教师要合理利用"关注"功能，积极主动关注学生微博，鼓励学生在微博上进行互动，及时透过微博了解学生的思想动态和对重大社会事件的态度，从而提高思想政治教育教学的针对性和教学工作效率。另外，微博的"评论"功能，可以使教师就与学生个体互动中展现出来的问题给予适当的指导和及时的纠正。思想政治教育教师还可以利用微博的"发布"和"转发"功能，将大学生思想政治教育从课上延续到课下，从理论过渡到实际。通过发布和转发生动形象的网络资料、社科文章等内容，尤其是动图图片、视频音频等直观资料是对大学生知识课堂很好的补充和延伸，这样能在很大程度上激发学生对思想政治教育学习的兴趣。思想政治教育教师也可以以每日微博话题榜的热点话题在微博上发表自己的意见看法，鼓励学生以"评论"或"转发"形式进行探讨和交流，并在这一过程中把握好思想政治教育者的导向作用，引导大学生树立正确的世界观、人生观和价值观。教师还应该要不断学习，查缺补漏，丰富自己的知识能力储备，提升新媒体素养，在使用微博载体的过程中避免机械说教，积极挖掘深度素材，使思想政治教育教育微博载体内容寓教于乐，让大学生乐于关注，乐于交流。

2. 创建微信公共服务账号

微信现在是几乎是全民都会使用的一种新媒体社交软件，它的操作简便，可承载内容丰富。目前，想要抢占高校思想政治教育阵地就必须要开发以微信为载体传递思想政治教育内容的载体，使大学生更便捷地接受思想政治教育信息。

首先，高校要组建校园思想政治教育微信公众平台的运营队伍。由学校发起倡议，从各院系辅导员、思想政治教育专职教师以及新媒体运行中心中抽调部分教师组建微信运营队伍，发挥不同职位的互补优势，保障思想政治教育微信平台顺利运营。其次，鼓励学生参与运营高校思想政治教育微信平台。高校思想政治教育微信载体需要教师的运营维护，也需要学生新思维的填充，如果微信平台的内容还是教师传统的思想政治教育内容，对学生必然不会产生吸引力。学生最了解当前学生的各项需求，可以鼓励学生和教师一起开发思想政治教育微信载体，不仅有教师作为后台保障，还能保证微信内容的新颖和趣味。除了让学生参与微信平台的运营，还要鼓励学生在微信平台上进行互动，现在很多微信平台有后台留言和赞赏服务，高校要鼓励学生参与微信的互动，提升微信平台的有效性，也是间接鼓励运营高校思想政治教育微信载体的老师和同学做将微信载体做得更好。最后，构建多级高校思想政治教育微信公共服务平台。高校思想政治教育微信公共服务平台应分为校级和院（系）级两个等级，分别发挥不同等级微信平台的作用。校级思想政治教育微信平台的目标用户群是全体学校教师和大学生，学校可以通过微信平台的软文推送，传递校训校规，并辅以生动实例和模范人物事迹提倡教师和学生学习模仿。另外，还可以把社会主义核心价值观这一社会主流意识形态渗透到微信推送内容中，并以多元化方式呈现给高校教师和学生，增强主流意识的吸引力。

第五节 新媒体时代高校思想政治教育环境的优化

一、新媒体视野下高校思想政治教育环境存在的问题

（一）社会环境存在的问题

1. 政治信仰存在潜在危机

由于网络的隐蔽性无形中加大了网络虚拟世界监管的难度，这其中良莠不齐的信息随处可见。西方少数发达资本主义国家凭借其资本和技术方面的优势，肆意传播历史虚无主义，否认中国近现代历史的存在，通过微信朋友圈发文章歪曲和诋毁中国英雄人物，或者利用少数贪污腐败案例大做文章，以此丑化中国共产党，破坏党在人民心中的形象。面对消极的不良信息，大学生社会经验欠缺，年轻气盛、好奇心重，对虚假信息缺乏甄别及抵抗能力，面对纷繁复杂的多元价值观他们显得更加茫然失措，这些都会引起严重的信仰危机。

2. 价值观选择出现"错位"现象

微媒体的发展使整个世界连成一个整体，传统的社会道德以及社会习惯在网络世界中也难以约束大学生的思想行为，在网络世界中的大学生已经不是赤裸在阳光下的社会人，而是处在私密空间中的个体。随着媒体技术的发展，大学生获取信息资讯的渠道不再仅仅局限于传统的报纸、书本，而是从整个互联网中获取对自己有用的信息。大学生可以便捷的了解到西方世界的文化思潮、新闻资讯，这些内容所传达的观点、态度都深刻的影响着大学生

的价值观。意识形态多元化的时代，拜金主义、享乐主义严重影响着大学生的价值选择和价值判断，一些缺乏理性的大学生价值观选择"错位"，这在一定程度上不利于学生的健康成长。理想信念是精神的支柱，精神上缺钙就会得软骨病，丧失精神支柱对党和人民会造成致命的伤害，面对多元的文化思潮、端正态度、坚守理想信念、树立正确的核心价值观念刻不容缓。

（二）校园环境存在的问题

1. 数字化校园缺乏规划

网络时代，高校课堂数字化蔚然成风，"数字化校园是利用数字化手段和工具，将校园内的相关资源进行信息化处理，有效提升传统校园的时空维度，最终实现教育过程全信息化，提高教学及管理水平。"数字化课堂已经成为高校课堂的一种新形式，为各门课程的开展提供了广阔的平台和丰富的教学资源。但是缺乏规划的数字化也给高校带来很多问题。例如，集中审核机制还不健全，在各个学科中教学内容出现重复、冲突，条理不清楚，教学内容的内在逻辑性不精准等问题都引起了建设资金的浪费，为教学和科研活动带来严重的困扰。一些网站建设存在"制度真空"，缺乏必要的道德约束机制；部分教育性内容说教性偏强，理论性太浓，师生的浏览量不大，大多处于"自导自演"的状态，关于数字化建设的许多工作制度仍处于探索的阶段，有待进一步修订完善。

2. 部分校园文化活动重形式、轻内容

高校校园文化活动存在严重的走过场现象，忽视了其本质内涵及意义。"校园文化建设经过多年的积累和探索，物质、制度层次的建设已经渐趋饱和并已开始显示出重复建设的苗头，再不努力发掘现有的物质文化设施和制度文化的精神文化意义，必将导致校园文化处于低水平状态，发挥不出校园文化在高等教育中的积极而重要的作用。"大部分学校组织了很多学生活动，但是，这其中有很多活动不是学生自愿参加的，很多都是强制要求学生去坐场，或者强制每个班出多少学生参加。反思这种现象，我们不难发现目前的学校文化活动难以真正调动学生参与活动的积极性与主动性，容易增加了学生的逆反情绪，导致很多学生沉迷网络不能自拔或者沉迷于赌博、麻将等损害身心健康的活动。

（三）大学生群体存在的问题

1. 大学生的角色意识淡化

现在朝气蓬勃的大学生普遍存在好奇心和探索心，倾向于挖掘手机、平板等智能设备的功能，更容易接受时代涌现出的新鲜事物，各类应用软件的不断更新升级为大学生之间便捷的沟通创造了条件。大学生群体在微信中有属于自己的朋友圈，成员的评论信息只有相互之间是好友的人才可以看到，无形之中就把同辈朋友圈之外的人边缘化。大学生群体间的关系大多依靠情感纽带来维持，情感的变动所形成的关系具有不稳定性和盲目性。同辈群体的形成对外具有排外性，兴趣爱好相同的人组成群体就会与圈外人自动分离，这就容易使个体局限于狭小的区域，不利于大学生的角色认知，从而淡化大学生的角色意识。

2. 存在盲目追随心理

大学生群体内会出现顺应性特点，因为同辈群体内部具有较强的约束力，每个群体内部都存在一些不成文的规定，一旦有成员违背了这些规范就会受到群体内部成员的惩罚，进而被群体抛弃。学生个体之所以会选择加入同辈群体就是为了寻求心灵上的慰藉，如果遭到群体成员的抛弃，对他们的身心来说都是很大的打击。所以，群体内的成员会选择顺应群体意识，避免被惩罚、被抛弃。对此，对于正向积极的大学生群体需要鼓励，对于存在消极因素的大学生群体需要及时沟通交流，加以正确引导。如果一个宿舍内部大部分人是爱学习的，则群体内部的其他成员在不知不觉中也会向这个方向靠拢，这就是我们在各类媒体平台上所熟知的"考研宿舍"，宿舍中的六位同学都考上了名校，如果宿舍内部的整体氛围是趋向于混日子，打游戏，那么舍友会在潜移默化中有堕落、颓废的倾向。显而易见，大学生群体内部的正向引导不容忽视。

3. 存在攀比心理

新媒体时代，大学生群体内会滋生一些负面思想。在不知不觉中，个体的思想很容易受周围人的影响，进而产生趋同模式，很多青年学生难以抵挡身边的各种诱惑，崇尚物质攀比，处处宣扬资本主义的价值观，盲目追求个人主义、自由主义，盲目攀比追求电脑、手机、衣服等高档奢侈消费品，加之各种校园网络贷款的兴起，分期付款、网上贷款逐步走进大学生的视野，欲望的膨胀让很多的学生走上了一条不归路，高额的贷款压力导致部分缺乏理智和承受能力的大学生走上了自杀的道路。这种盲目的攀比心理在某种程度上干扰了大学生的正常学习生活，同时也给青年学生的心灵带来不可估量的创伤。

4. 压力难以调试

由高中步入大学的学生正在逐步走向成年的阶段，人格心智在磨炼的过程中正在逐步成熟，高中阶段的学习生活都是由老师规划，在老师的高压强制下完成的，大学的学习生活则截然相反，自由宽松的学习生活使得刚进大学的学生难以适应，大学生普遍缺乏自我管理、自我规划的意识。大学的学习生活更多地需要学生自己来调节、适应，辅导员和教师只是起引导、指导的作用。现在的高校大学生独生子女居多，其生活环境相对安逸，父母亲戚宠爱较多，在父母的宠溺下，生活中没有接触过过多的挫折，因此他们的心理承受能力有限，对于平时生活、学习中遇到的挫折，难以正确的处理，容易采取极端的解决方式。

5.心理健康教育缺失

开展心理健康教育是教师群体义不容辞的责任。在高校日常教育管理工作的扮演着重要的角色。大学生学习生活中所遇到的问题和心理健康不无关系，心理健康与否直接关系着学生的抗压能力大小。拥有良好的心理健康教育能够增强学生的自我调节能力，帮助其解决生活中遇到的难题。然而，近年来，高校内的心理健康咨询中心形同虚设，其中的心理咨询师大多是兼职人员，缺乏专业的心理咨询相关知识。新媒体时代的心理健康教育显得尤为重要，媒介素养的缺失使得大学生无法理智的辨别信息真假，心理健康教育在高校教育中的缺位现象应该引起相关部门的重视。

二、新媒体视野下高校思想政治教育环境优化对策

（一）严格把关，优化社会环境

网络世界具有信息传播的自由性，但是，根据马克思唯物辩证法理论，自由是相对，不是无任何约束的绝对自由。网络信息安全工作已经上升到国家战略地位，无规矩不成方圆，现代社会法律与科学技术正上演着现实版龟兔赛跑，科学技术的进步已经远远超过法律的发展速度。

1.完善媒体的立法与监管

首先，完善立法监督机制。微信、微博等网络平台的监管法方面还存在严重的空缺，这类软件出现安全事故相关责任如何划分？发布前是否应该有全方位评估系统衡量其利弊？目前的法律规范在这些方面还处于盲区。相关立法、执法部门应该尽快完善互联网相关法律，根据实践经验的积累制定、完善有关法规、法条的同时加强对网络实名制的落实，高校积极制定符合自身实际的校园局域网管理办法，加强校园网络安全意识，积极采取有效行动，对于不良信息要及时制止，严惩破坏网络秩序的不法分子。

其次，完善权责管理机制。小到校园内部各个行政系统，大到国家各个职能部门都要设立权责明确的法律管理制度，网络系统的法律责任更应该责任到人，高校内部应实行网络管理到岗服务制度，与个人业绩挂钩，建立领

导负责制，设立相关有效的工作评估指标体系。在媒体终端发布教育内容时，拟稿、审核、后期维护等环节都要确保有专人专项负责，教师和后勤等学校工作人员要积极参与到网络管理的活动中，发挥自己的微薄之力，积极互通消息，防患未然，力争实现全员参与，全员管理。高校与社会要形成强大合力，积极适应新媒体时代的发展，在更新媒体设施的基础上提高安全防护能力与技术，主动晒出不良信息，防止高校内网络失范行为的发生。

最后，借鉴国外网络立法，完善本国法律。现代网络技术发展迅速，新兴技术和智能软件层出不穷，发达国家一般通过制定内容审查制、分级制、网络注册制来规范网络传播的行为，我国网络立法的发展还不成熟，在制定过程中，应该结合我国具体实情，参考借鉴国外相关网络法律法规，取长补短。

2. 建设网络舆情的监控机制

第一，运营商自主监管。各类应用软件应积极配合国家网络安全监督工作，对于本平台内出现的反动信息、敏感文字及时予以屏蔽，在源头上加强技术控制，对于出现的违反网络秩序的行为进行拍照存档，实名追踪，移交公安部门处理。设立完善的注册审查制度及信息反馈制度。运营商主要以营利为目的，期望运营商投入资金进行监管不切实际，高校可以与运营商之间建立信息沟通机制，定期反馈大学生使用过程中遇到的切身问题或者特殊需求，沟通交流，深度合作，提高网络监管水平。

第二，设立高校舆情监管和研判团队。确保网络媒体的安全是一项长期而又艰巨的工作，网络平台是否安全关系到整个社会的稳定与发展。这就需要我们建立一支专业的舆论监控团队，高校积极建立一支由领导牵头、包括技术部门、辅导员、团委、学生会、班干部为一体的监管研判团队，统筹规划，严明纪律，完善组织，建立网络舆情的监管阵地，通过研判团队的设立保障网络思想政治教育工作能够顺利开展。针对谣言等不实言论，高校要在官方平台要及时发布权威言论，还原真相，维护网络传播秩序，同时，各大媒体在宣传报道中应多多传递社会正能量，在积极引导中把控网络舆论走势。

3. 充分发挥网络平台的作用

第一，提高网民网络道德意识。网络世界具有开放性和隐秘性，网络空间是由现实的人所组成的，文明上网需要一定的道德规范和原则，提高全民网络道德素质势在必行。学术界把网络原则凝练为"公正、无害、尊重和允许原则"，网络主体之间的地位是平等的，其公平公正的享有权利和义务，在享受应得权益的同时也必须承担相应的责任。网民之间应该互相尊重，当其自身行为、言论涉及他人利益时必须得到他人同意，明礼诚信，文明上网，遵守网络中的底线原则，不妨害公众利益。

第二，加强新媒体工具的使用。思想政治教育的载体在教育活动中起着桥梁的重要作用，成为教育主体和教育客体相互交流的工具。由于新媒体具有信息丰富、传播速度快、信息获取方便等优势，高校可以积极探索在媒体的终端开展思想政治教育，注册微信公众号、微博、贴吧等账号，定期发布教育信息。文章内容的发布要有明确的观点立场，注重引导学生的思维和观点。相关工作人员要积极关注学生的思想动态，对于问题学生及时疏导，耐心帮助其树立正确的价值观。对于新媒体教具的使用要掌握正确的方法，PPT的设置要做到趣味性与知识性的融合，突出重点，而不是整页整页的呈现文字信息，切忌让学生产生反感心里。教育者要善于分析学生遇到的问题，及时纠正学生错误的思想观点，建立和谐的网络师生关系，这样才能更好地传递思想政治的教育内容。

第三，重视主题网站的建设。优化网络环境离不开正能量的主题网站，这就需要我们抓住时间与机遇，合理利用好网络新媒体平台。主题网站的建设应该弘扬社会主义核心价值观，把富含理论性、思想性的前沿观点作为网站建设的主要内容，把学生们感兴趣的内容加进去，加强先进人物事迹的宣传，寻找学生身边的典型事例宣传教育，树立榜样，开展互动讨论交流。要安排专门的工作人员关注主题网站的运行，加强对主题网站运行的日常化管理，及时清理敏感言论，与问题学生重点对话交流，在疏导的同时引导其树立正确的观念。主题网站可以与各类APP建立分享平台，通过转发、分享功能，让更多的学生了解，关注主题网站。

（二）多方互动，打造"微校园"

1. 优化高校校园文化环境

可以利用校园环境中随处可见的思想政治教育介体，例如，宣传栏、展报区、楼梯间标语等直观的文字标语信息，在潜移默化中引导学生树立正确的价值观、人生观。经常性、持续性的开展丰富多彩的线上线下文化宣传活动，优化校风学风，从而使得大学生的认知能力、认知水平发生量变到质变的提升和转变。同时，逐步发挥校园环境在社会生活中的引领示范作用。社会环境在影响校园环境的同时也受到校园环境的影响，良好高校环境内所具有的人文精神可以对周围社会环境起到典型示范的作用，调节社会风气。社会人总是倾向于传颂、模仿典型先进事例，以此作为自己行为规范的标准，校园内部的好人好事会影响社会人模仿、学习，带动社会风气的好转。

2. 加强思想政治队伍建设

（1）传播主流声音，牢牢把握话语权、主动权

思想政治教育的教学内容不免有些枯燥、无味，但是却是每个大学生必修的一门课程，在传统的教学活动中要结合新媒体的使用，激发学生学习兴趣，取长补短，优势互补，使得显性教育和隐形教育相结合，在更广泛的领域内开展教育，进一步拓宽教育的空间和路径。现在大学生起床第一件事是看手机，睡前也要看手机，空闲时间刷微博和微信、刷朋友圈等活动已经成为大学生的日常必备事项，对于网络媒体中鱼龙混杂的内容，教育主体或者相关部门想要阻止信息的传播扩散、被动放弃对教育客体的引导是行不通的。对此应掌握主动权，在各类网站平台上旗帜鲜明宣传社会主义核心价值观，弘扬主旋律，对于新出现的热点舆论、观点思潮，要主动发声，主动出击，率先有效的传播主流声音，掌握舆论主动权。

（2）占领宣传制高点，掌握主导权

传统课堂教学虽然是一种重要的、稳定的教育手段，但是形式单一，新颖性缺乏。较之于其他教育手段，微媒体具有成本低、实用性强、传播速度快、吸引力大等优势。微媒体教学一改传统填鸭式的教学方式，通过音频、视频、图画等鲜活的动态形式激发学生的感官刺激，激发学习兴趣，成为传统课堂教育之外的另一个不可或缺的教育平台和教育载体。教师在授课语言上应做到严谨而不失活泼，敏感言论慎用，结合中华民族优秀传统文化旗帜鲜明的在学生中进行思想教育，有效的发挥文化育人的功能。教师在教研中也要加强对最新理论的学习，多邀请理论水平高的名师来校开展讲座。课堂设置中要开展小组讨论，发挥学生自主性，把最新理论穿插进课堂，结合中国的实际多角度分析理论知识，结合社会热点和实际形势认真备课，实时更新教学内容，尽量做到多角度、多视野的讲解社会问题。

（3）注重教育对象的特殊性

传统的思想政治教育受到各种综合因素的影响和制约，在实际操作中教育的时效性难以充分实现，同时，思想政治教育的育人效果也未能充分发挥。各种电子产品尤其是智能手机以及平板的发展大大加快了信息的传播速度。智能手机已经成为每个大学生的必备电子产品，手机内部各种应用软件的更新不断满足了大学生的个性化需求。对于实时热点新闻，大学生可以自由的表达自己的看法和观点，一些功能兴趣群也激发了网民的主动性、积极性，群内开展的一些探讨和交流，丰富了受众者的思维，同一兴趣群内的成员可以在讨论中学习，在学习中交流。

思想政治的教育内容应注重阶级性与大众性的结合。思想政治教育有其

内在的阶级立场和阶级观点，但是，思想政治教育活动的开展不能和特定的社会实践相脱节。大学生是社会的主要群体，具有大众性和广泛性，对此教育活动要讲究社会性和群众性。结合供给侧改革的思路，注重了解大学生的需求，使思想政治教育的内容与学生的要求相适应。忽视教育内容的大众性，过分强调思想政治教育的政治性难免起到反作用。教育内容不能仅仅局限于理论知识，大学生心理健康、道德素质、人格等方面的教育也是不容忽视的。课堂授课话语体系应多借鉴参考习近平总书记的"文风""话风"，多讲实话、真话、家常话，少一些空话、套话、门外话，积极融入中国传统文化的思想精髓，同时也要紧跟时代，灵活运用"微时代"的"微话语"，消除学生对教师由来已久的"刻板"印象，在课堂中，教师要用真情把教育内容讲活，在此基础上进一步推进社会主义核心价值观入耳、入心、入脑。

（三）弘扬正气，优化大学生群体的交往环境

新媒体时代促进了信息与文化的交流与融合，思想文化的多元化更多的是让个体感觉到茫然与不知所措。在调查中发现，大学生遇到困难大多向朋友求助，对此，要优化大学生群体环境，弘扬正气，因材施教，给予正确的导向。

1.增强价值判断能力，开展心灵养护工程

第一，增强价值判断能力。价值即事物对主体的有用性，价值判断即主体在对客体本质认识的基础上，基于自身需要对客体的价值关系所进行的评价。大学生应积极利用课堂所学知识和方法，自主分析问题，培养敏锐的思辨能力。学习生活中要试着发挥自身主动性和创造性，不断强化道德意识，用理论和道德武装自己，通过点点滴滴的小事提高自身道德文化水平，在实践中检验自己，不断纠错，积极思考，对于社会上的案例正确的看待，多多关注我党最新的方针政策，确立鲜明的价值立场，只有这样才能把道德标准内化为理想信念，外化为正义的行动，逐步让自身行为与社会规范相适应。

第二，开展心灵养护工程。大学生的年龄通常处于17岁到25岁之间，其心理生理方面都处于过渡阶段，情绪波动很大，心智不成熟，自我意识很强，但是自身能力欠缺，求知欲望强烈但是受挫能力较差，对此，学校和社会应该多多组织多维度、立体化的适应学生身心发展规律的心理健康教育。心理健康教育要基于传统教育模式，如心理咨询室，心理电影欣赏和心理教育课程等，开展全方位、全过程的渗透式教育。以学校分管领导为统帅，以专业的大学生心理健康教师为骨干，以辅导员为载体，以大学生心理委员为朋辈助理，以积极向上的校园文化和社会环境为正能量氛围，由此形成一个

大学生积极心理健康教育的互动多维的交叉立体网络。学校应开设心理健康课程教育，类似选修课不能仅仅流于形式，必须定期解决大学生的心理问题，真正做到心理疏导，让大学生健康成长。

2. 抓住舆论热点，确立优势意见

大学生群体环境是大学生成长过程中的重要环境，同辈间的感染力超过教师和家长，同辈之间所形成的舆论更容易得到群体成员的呼应。

第一，创造优势意见。社会和高校应有意识的创造一种公众认同、引人关注的优势意见，正确引导舆论的发展方向，第一时间正面回应突发事件。运用大学生喜闻乐见的形式创造出正向优势意见后，并及时在校园广播、微信公众号等平台表达出这个观点，辅导员、思想政治教育者同时在课堂或者班级 QQ 群内传达类似意见，校园贴吧管理人员同步发表这个意见，通过各种渠道，各个节点的相互配合、相互呼应，就会在大学生群体中形成期望的优势意见，更好地引导舆论的走向。

第二，培育意见领袖。沉默的螺旋理论指出大众媒体的信息经过广泛传播后会在全社会范围内形成"意见气候"，当个体发觉自己的观点是多数派时，会比较愿意表达出来，当觉得自己的观点属于少数派时，倾向于影藏自身观点。同辈群体中核心人物的言行举止会影响到整个群体。意见领袖一般具有良好的人际关系和公信力，教育者要注重培育高素质的意见领袖，发挥其榜样作用，树立典型，发挥其在论坛、微信、QQ 等平台的影响力和号召力，通过意见领袖宣扬正向的意见观点引领意见气候，达到沉默螺旋的效果。

3. 提高大学生群体的网络媒介素养

媒介素养是指受众群体对媒体信息进行分析与辨别时所体现出来的能力。网络时代的信息量巨大，正向积极的信息与负面消极的信息同时存在，鱼龙混杂，大学生由于自身阅历浅、还未完全进入社会、很容易受到消极负面信息的干扰，从而做出一些不理智的行为，现在的大学生群体急需掌握辨别网络信息真伪的基本能力。大学生群体易产生跟风行为，这就需要大学生具备理性的信息甄别能力，在信息筛选、排除的过程中要理性的做出判断，过滤掉对自身无用的信息。

第一，要理性对待各类媒体平台。大学生对于新奇的 APP 应保持理性的头脑，正确使用使其变成自己的贴身管家，对于网络贷款软件要树立正确的消费观，不盲从、不攀比，在理性了解自身需求的前提下适度接触新兴软件，学会管理、控制、调节自己的行为。

第二，强化大学生的信息素养。信息素养包括两方面，一方面是个体在网络中如何利用信息及其表现出来的能力大小；另一方面是个体对信息所持的心理状态。大学生潜意识里乐于探索和追求新奇信息，为此应该积极面对网络所带来的挑战，强化信息意识，有选择的获取、领悟信息，正确表达个人看法。树立自我发展的意识，要理性的认识各类媒介，使其为我所用，全面了解相关 APP 的优势和劣势，取其精华去其糟粕，掌握新媒体的基本使用方法，利用网络信息资源和各类交流平台汲取知识，发展自我，使新媒体逐步成为帮助个体发展进步的助推器。

第五章　高校大学生思想政治教育工作模式创新

第一节　当前大学生思想政治教育模式存在的问题及成因分析

一、当前大学生思想政治教育模式存在的主要问题

（一）教育理念滞后

受传统习惯、经验主义的影响，在当前的大学生思想政治教育过程中仍然存在"重教育，轻自我教育""重管理育人，轻服务育人"等教育理念层面的问题。换言之，面向大学生开展思想政治教育多于帮助大学生进行思想水平、政治素质与道德修养等方面的自我教育；"教育学生"和"管好学生"往往是大学生思想政治教育者的口头禅。在这种教育理念指导下，大学生在不自觉中变成不能独立思考、无法进行自我教育的孩子，从而不利于人格的完善与个性的发展。

事实上，大学生思想政治教育应当重视并真正确立大学生教育实践中的主体地位，满足大学生进行自我教育、自我管理和自我服务的愿望，在强调外在教育干预、不断完善大学生规章制度管理、强调他律重要性的同时，进一步加强大学生自我教育、自我管理与自我服务的有机结合，让学生在知识的海洋中自主地吸取营养，学会探索并发现真理，从而取得对思想、政治与道德的深刻认识；逐步引导大学生主动从学校走向社会，积极参与社会实践，从而在社会实践的锻炼中学会分辨"真""善""美"与"假""恶""丑"，实现人格的不断完善。

（二）教育内容片面单调

当前大学生思想政治教育在内容上存在单调片面的倾向，即片面强调国

史国情等层面的政治理论教育，从而在一定程度上忽略了心理教育、情商培养、实践能力、团队意识与职业道德等层面的教育指导。此外，大学生思想政治教育实践过程中，往往习惯于遵守"千篇一律、千人一面"的教育规定和目标要求，从而极易忽略不同特点的大学生在各个成长阶段的不同发展特点；常常会因为一时一事的要求调整教育内容或内容的侧重点，在一定程度上忽略了大学生成长成才的全面需要，是造成学校教育与社会现实彼此割裂的重要因素之一；社会上出现的一些不良现象或舆论有时会对大学生的思想产生大于思想政治教育的影响力，极易使大学生思想政治教育内容在现实面前缺乏应有的说服力和感染力。

（三）教育方法僵化

在当前的大学生思想政治教育实践中，教育者往往忽视双向交流和学生能动性的发挥，尽管比早期有了一定的改进，但基本上还是习惯于采用传统的灌输、说教和管理方法和手段，导致政治话语、文件话语、权力话语大量充斥在大学生思想政治教育过程之中，教师往往把讲解变为独白，而大学生却通常只能被动地接受教师的知识和思想，从而在一定程度上造成了思想理论知识与大学生的实际生活经验和具体生命体验之间的彼此割裂，大学生被动地沦为了储存信息的容器。

"QQ、微博、微信、网络等新媒体"是当前最受大学生欢迎的思想政治教育方法。然而，受科技的高速发展和年龄等主客观因素的影响，部分思想政治教育者往往会因为不能及时掌握最新的网络技术，无法有效利用微博、微信等网络新媒体进行大学生思想政治教育，从而容易使思想政治教育方法表现出单一、枯燥的僵化状态，极易使大学生对思想政治教育萌生抵触情绪和心理，引发青年群体对教育内容的排斥和反感，导致教育感染力和实效性差，教育效果难以真正内化为大学生的日常行为造成了事倍功半的结果。

（四）教育体制落后

从当前的大学生思想政治教育实践看来，我国大多数高校的思想政治教育体制中融合着强烈的行政色彩，即在大学生思想政治教育体系中既包含着思想教育，又包括学生管理，是由思想教育系统与学生管理两大系统构成的统一体，而负责相关教育工作的不仅包括思想政治教育理论课教师，而且还包括主管学生思想工作的副书记和学生管理工作的副校长的共同运作。在这个庞大的体制中，看似职责明确、机构健全，但实际从事思想政治教育的人员经常会感觉分身无术、多头施教。出现这种局面的深层次原因在于高校在计划经济体制下一直按照事业单位的管理体制设置职能部门，追求大而全，实行党政分管。随着社会的发展和各项体制改革的逐步推行，高校也应根据教育系统的特殊规律，重新构建符合社会发展的思想政治教育体制。

（五）队伍专业化水平不高

思想政治教育队伍的教育水平必然对大学生思想政治教育实效性的实现具有重要作用。而且随着素质教育的全面推行，大学生思想政治教育开始强调全面性、层次性和现代性，这就更加要求不断提升大学生思想政治教育队伍的专业化水平，使大学生思想政治教育者应具有更完备的学科知识和更现代化的管理手段。

具体说来，这一滞后性主要体现为思想政治教育的基础理论和教育方法研究相对滞后，要么专注事务，忽视研究；要么敏于思考、疏于研究；要么脱离实际、空谈研究；要么方法单一、不会研究，既没有随着经济、文化、信息的不断发展转变必要的工作观念和思路，也没有随着大学生的思想动态变化而更新必要的教育语言和方式，限制了思想政治教育的持续发展。此外，调查研究可以看出，当前大学生对思想政治教育者最为看重的不是教学水平，而是师德水平和人格魅力。因此，思想政治教育者专业化水平的提高，不仅要强调思想政治教育的理论化水平的提高，而且要强调自身的品德修养和人格魅力的提升。

总体来说，我国大学生思想政治教育模式当前存在的主要问题可以概括为传统的大学生思想政治教育模式与现实条件之间的四个"不相适应"，即教育理念与当今社会现实不相适应、教育内容与大学生的实际需求不相适应、教育方法与当今信息手段不相适应、教育队伍与思想政治教育地位不相适应。尽管大学生思想政治教育状况在逐步改观，但这些现实存在的问题仍然应该引起我们的高度重视。

二、思想政治教育模式存在问题的成因分析

（一）教育本质的认知异化导致教育理念的滞后

教育从本质上来说即是培养人的活动，而促进人的全面发展则是马克思主义教育理论体系的核心内容，也应该是指导我国大学生思想政治教育的认知基础。从中西方教育实践的历史进程上来看，中国古代强调以包含礼、乐、射、御、书、数的"六艺"塑造圣贤之才，而西方的传统教育也强调以包括数学、几何、天文、音乐、语法、修辞、逻辑的"七艺"培养和谐之士。

然而，在我国高校的教育实践过程中，过分注重对知识、经验和技术等的传授和训练，从而在人才培养的过程中时常出现重知识、轻价值，重技能、

轻理想等倾向。追根究底，在于人们忽视了教育的育人本质，而更加关心教育会带来什么。随着人们对于教育本质认识的异化，大学生思想政治教育也逐渐沦为对学生进行简单加工的工具片面强调教育好、管理好学生，而忽略了教育对大学生发展的需要，是教育理念滞后的重要原因。显然，这种教育的最终结果就是制造了大量技能意志、品味一致、特点一致的学生，根除了学生的自我，禁锢了他们的个性和自由发展，教育变成了加工厂，生产出大量的"标准件"，而不是一个个全面健康发展的"人"。

（二）教育与现实需求脱节导致教育内容的片面单调

教育与现实需求的脱节主要体现在三个方面：一是，当前的大学生思想政治教育与社会发展的现实需求相脱节，主要体现在大学生思想政治教育内容没能及时解决社会发展对大学生思想观念变化所产生的影响问题，没能全面系统地审视社会背景与大学生思想政治教育之间的关系问题，也没能充分体现思想政治教育理论发展的时代性问题，从而极易使大学生在进行道德判断与道德选择时感到困惑和迷茫。二是，当前的大学生思想政治教育与知识教育脱节，学科设置的细化将本应是知识教育与思想政治教育相融合的大系统被人为地分割成为德、智、体、美、劳等板块后并进行简单相加，从而造成了知识教育和思想政治教育各行其道的现象，专业教师往往只重视专业知识的传授，而忽视了专业知识背后所蕴藏的价值理性和道德精神，思想政治教育过程中也忽略了对大学生职业道德、实践创新能力等方面的内容。三是，当前的大学生思想政治教育与真正的品德教育脱节。从思想政治教育的历史经验来看，不注重德育，会产生"恶人"，但是忽视德育的现实基础而片面追求至善的道德目标，往往会培养出"伪善人格"。当前的大学生思想政治教育对大学生道德素质的培养仍然以道德知识传授为主，强调道德知识教育作为教育的主要内容，从而极易使教育或者流于形式，或者沦为对至善的狂热追求，"而关乎人的良善生活的理想教育、信仰教育以及真正的品德教育不断消失"，这种教育与现实需求彼此脱节的现象容易导致极端片面和单调的教育内容出现，从而大大抵消了教育的应然效果。

（三）功利思想的影响导致教育方法的僵化

在极端功利主义思想的影响下，大学这一学术共同体也在一定程度上开始对物质金钱顶礼膜拜，从而极易与自身应然的行驶轨道相脱离，陷入了严重的矛盾与自我迷失状态。在大学固有的育人理念严重弱化、接纳新的教育理念滞后的情况下，大学逐渐沦为了简单的名利场，大学生思想政治教育也似乎在一定程度上沦为一种形式。此外，随着社会本位思想的渗透，越来越多的高校认为教育的目的主要是满足社会现实需求，而非实现个人发展。因而，许多高校在教育过程中往往一味地讲适应，讲实用，功利倾向十分明显，从而使人文精神教育空前薄弱，大学生的主体性经常被忽视，而只是强调培养的人要适应社会的需要，适应论思想充斥整个思想政治教育工作系统。社会功利思想对高校的逐步渗透，其后果是大学生的发展不是大学生自我选择的结果，而是社会肤浅需求的结果，其弊端显而易见。

在这一背景下开展大学生思想政治教育，人们更多地在思考是否进行了思想政治教育，什么样的思想政治教育方法更加便捷且能够降低教育成本投入，而不在于采用什么样的教育方法才能更有效地推进大学生思想政治教育，切实提升大学生的思想道德修养和政治水平，从而容易导致大学生思想政治教育方法的简单僵化。

（四）行政权力的惯性作用导致教育体制的落后

众所周知，在大学中主要存在着两类机构，分别是学术机构和行政机构。行政机构设置的目的主要在于辅助学术机构不断实现育人的各项目标。然而，在我国大学长期的发展实践过程中，行政系统的功能范围逐渐超越学术系统的功能范围，发挥着越来越大的作用，并最终形成了功能庞大的科层组织。

在长期计划经济体制的影响下，我国高校的行政系统逐渐成了与教育目标无关的独立体系。在这一背景下，大学生思想政治教育在一定程度上存在着严重的行政化、封闭化、极权化、管理职能扩大化的倾向，很多思想政治教育者将行政权力看得至高无上，将学生管理看得重于学生发展，不惜采用那些不利于学生主体发展但可以相对轻易达到行政管理目标的教育指导方式。在高校行政机构臃肿、职能重叠的情况下，学院作为高校的中层机构，或沦为上传下达的机构，或包办了本该是上级机构或者大学自身应该完成的许多工作，大学生思想政治教育失去应有的活力。

（五）队伍建设失衡导致队伍专业化水平不高

思想政治教育从本质上讲应该是能够体现"对话性"的教育，而思想政治教育者则是对话的主导者，从这一层面上来看，思想政治教育者的素质高低很大程度上决定着思想政治教育的效果。当前我国高校的思想政治教育在队伍建设上尽管取得了巨大的成绩，但也表现出一些不足，具体体现在如下五个方面：一是，高校中讲授思想政治理论课的青年骨干教师相对比较缺乏，尤其是学科带头人数量较少，缺乏丰富的教学经验，很难有针对性地对大学生开展思想政治教育的教学工作；二是，辅导员队伍建设的专业化水平不高，无论是年龄结构，还是学历结构和知识结构都存在着不同程度的不合理现象，从而难以应对当前复杂的社会环境对大学生思想政治教育的发展诉求；三是，心理健康教育队伍建设明显滞后，主要表现为心理健康岗位重视不足，在编制紧张的情况下主要由辅导员开展心理健康教育，教育经费投入不足造成师生比例配备不协调，以及专业水平参差不齐等状况，不利于大学生心理问题的有效解决；四是，高校党团组织所具有的育人功能没有能够得到充分发挥，甚至有部分高校的党政领导存在对大学生思想政治教育的价值和意义认识不足、思想政治教育专业知识不足等问题，从而没有把加强大学生思想政治教育作为高校一项十分重要的任务来抓，或者没有将大学生思想政治教育恰当地融入党团组织的建设和发展过程中，成了影响思想政治队伍建设深入开展的重要因素；五是，全员育人的机制和软环境有待改善，从当前的大学生思想政治教育实践来看，高校思想政治教育队伍之间相互交流的平台缺失，从而使大学生思想政治教育者之间缺乏有效的沟通和协作机制，协同育人的作用不能充分发挥特别是专业教师和专职思想政治工作者各出其力、各自为政的现象十分突出。

随着改革开放的推进，传统高校思想政治教育模式与不断发展着的经济基础不相适应，与现代教育理念相违背，不能满足现代教育之需，其改革之势呼之欲出，研究大学生思想政治教育模式的创新对于改革传统模式，更好地实现大学生思想政治教育的有效性具有积极意义。

第二节 大学生思想政治教育模式创新的基本理论

一、大学生思想政治教育模式创新的目标

大学生思想政治教育模式的创新应当实现四个方面的转变，即由单向灌输型向双向交流型转变，由单一管理型向共情共感型转变，由显性教育型向隐性教育型转变，由教师教育型向合力教育型转变。为真正实现上述转变，在大学生思想政治教育模式建构中必须始终将以下目标作为创新的导向：

（一）教育主体的平等性与目标定位的准确性

1.教育主体的平等性

平等作为人们的一种普遍要求，是建立在人们对自己和他人关系的基本看法基础上的。正如"任何心智健全的成人都不会自觉自愿地认为自己天生地低于别人，不会自觉自愿地认为自己天生地应当屈从于别人。对于大学生思想政治教育而言，平等性主要是指教育者和教育对象关系的平等。换言之，

在思想政治教育沟通活动中，教育者和教育对象都是思想政治教育沟通活动的主体，享有同等的地位和相同的权利。教育者不是某种权威的象征，不再处于毋庸置疑的地位，而是以平等的互相尊重的身份与教育对象沟通、交流与交往。双方能够彼此理解与尊重、信任与接纳、相互关心与帮助。因此，大学生思想政治教育的模式创新也必须以实现教育者和受教育者双主体之间的平等性为目标前提。

2. 教育目标定位的准确性

如前所述，在当前的思想政治教育模式中，仍然存在着弱化教育的育人性和人本理念，忽视思想政治教育理应具有的本体性价值的异化现象，就思想政治教育的目标定位而言，定位过高过虚，注重共产主义思想的宣传教育而忽略受教育者同样作为教育主体本身的需要，使思想政治教育没有贴近大学生的实际需要和现实生活。具体说来，思想政治教育运行是在与个体密切相关的社会生活领域中展开的，理应介入到社会生活领域，与个体的具体生活实际密切相关联。因此，思想政治教育必须深入社会生活领域，贴近受教育者的生活现实，满足实际需要才能打破思想政治教育的狭隘视界，使思想政治教育更具活力。美国教育学家杜威（John Dewey）就指出道德教育应该重视对社会生活领域的渗透作用，认为"道德教育集中在把学校作为一种社会生活的方式的概念上，最好的和最深刻的道德训练，恰恰是人们在工作和思想的统一中跟别人发生适当的关系得来的。因此，将教育目标准确地定位于贴近大学生的实际需要、贴近生活现实是大学生思想政治教育模式创新的基本要求。

（二）教育内容的开放性与教育方式的多样性

1. 教育内容的开放性

大学生作为受教育者，与其他社会成员一样，不可避免地与社会进行着广泛的接触与联系。社会生活的广泛性界定了思想政治教育因素的开放性。教育者对受教育者施加的教育影响，同社会诸因素对受教育者的影响，几乎是同时同地进行的，这就决定了思想政治教育因素和过程的开放性。而在这一过程中，思想政治教育内容的开放性居于核心地位。正如美国心理学家卡尔·罗杰斯（Carl.R.Rogers）指出："思想政治教育是灵活的，在概念、信念、知觉和假设中是敞开的。对于其中的模糊性，它是宽容的，是允许它如其存在那样的。它故而具有接收许多矛盾的信息而不拒之于经验之外的可能性。在这一过程中，我们感受精神振奋，更加自由开放，更能接受自己和他人；同时由于我们努力去理解和接受，因此也乐于倾听新思想了。"因此，大学生思想政治教育模式创新必须以实现教育内容的开放性为核心目标。

举例来说，大学生思想政治教育是综合科学。美国学者埃利亚斯（John. L.Elias）曾指出，"道德教育是一个需要多学科共同研究的领域，仅仅通过一门学科来探讨这一领域是有限的，也是危险的。"因此，科学教育作为科学精神培育的重要载体也应是思想政治教育的重要组成部分，而科学精神则应是思想政治教育的内容之一。具体说来，从内容角度看，科学教育是思想政治教育的重要载体。一方面，科学是思想政治教育内容赖以产生的前提和基础，也是思想政治教育内容得以丰富和发展的条件。另一方面，科学教育是思想政治教育的原生形态，是思想政治教育展开的形式和必要环节，也是确保思想政治教育产生实效的重要保证。思想政治教育是科学教育的目的、导向和归宿。从功能上讲，思想政治教育是对科学教育功能的升华和拓展。正如爱因斯坦（Albert.Einstein）所言："科学虽然伟大，但它只能回答'世界是什么'的问题，'应当如何'的价值目标，却在它的视野和职能的范围之外。"

2.教育方式的多样性

在当前的思想政治教育模式当中，重讲授、说教等较为单一的教育方式的现象仍然存在。这种填鸭式、灌输式的教育手段和教育形式，从根本上否认了思想政治教育的人本观念与受教育者主体思想。因此，为了实现大学生思想政治教育模式的创新，教育形式的多样性同样是重要的目标导向之一。具体说来，在思想政治教育过程中，必须承认思想道德的层次性，允许思想道德追求多样化，使具有不同思想道德层次（指与法制相容的道德层次）的人都能在社会中找到适合自己生存与发展的空间，找到激发自己不断向高一级层次思想道德目标前进的动力，把思想政治教育工作保持在具有层次性的复杂阶段，从而保持思想政治教育工作蓬勃向上的青春活力。同时，就高校而言，思想政治理论课教育、社会实践能力培养、校园文化氛围营造、学生事务咨询等都是开展思想政治教育的重要手段，允许理论课育人、社会实践育人、文化育人与管理育人等多种形式共存，而且在最大程度上实现教育的合力是大学生思想政治教育模式创新必须达到的重要目标。

（三）教育过程的统一性与评价机制的科学性

1.教育过程的统一性

人们思想道德和政治素养的形成和发展总是在社会实践的基础上，教育主体之间相互作用、彼此协调，从而使受教育者内在的思想、道德和政治等因素矛盾运动转化的过程。而这一过程，既包括教育的外在干预环节，又包括受教育者对外在教育因素的吸收内化环节，是由外在干预到内化的动态过程。在这一过程中，教育者的教育起引导作用，受教育者的自我教育起内化作用。任何教育只有通过受教育者自我教育才能发挥作用。受教育者思想政治素质的形成，既是教育者教育的结果，又是受教育者自我教育的结果。

此外，思想政治教育的过程同时还是一个塑造积极因素和改造消极因素的过程。在思想政治教育过程中，只讲塑造或只讲改造的单纯灌输式教育都是不全面的。这是因为"每个人都有自己的价值观，并且能够按照他个人的价值观行事。每个受教育对象的精神世界都是由积极因素和消极因素两个方面构成的。巩固和发挥已有的积极因素，培养新的积极因素，属于塑造性质的教育；矫正已有的消极因素，属于改造性质的教育。因此，塑造与改造是思想政治教育过程中经常进行的两个不可分割的有机过程。同时，在思想政治教育过程中，还应以塑造为主，改造为辅，实现塑造教育与改造教育的结合与统一。显然，必须实现教育干预和自我教育的主动内化相统一，塑造教育和改造教育相统一作为大学生思想政治教育模式创新的又一目标。

2. 评价机制的科学性

大学生思想政治教育的效果如何，直接关系到建设中国特色社会主义伟大事业，实现中华民族伟大复兴的"中国梦"的成败，关系到我国党和国家的荣辱兴衰。中共中央、国务院在《关于进一步加强和改进大学生思想政治教育的意见》中明确指出，必须将大学生思想政治教育工作纳入到学校教育教学评估体系当中。故而大学生思想政治教育评估机制的科学性与否不仅直接关系到思想政治教育实效性的实现，而且关系到高等学校的办学质量。这要求在考察思想政治教育效果时必须坚持实事求是，采用科学方法和技术手段进行整体考核和综合评定，实行动态与静态、个体与整体、定性与定量、短期与长期相结合的方式。显然，实现评价机制的科学性必然也是大学生思想政治教育模式创新的重要目标。

二、大学生思想政治教育模式创新的原则

大学生思想政治教育的基本原则是指在大学生思想政治教育过程当中形成的客观规律，是实践总结的精华，是必须遵循的基本准则。它是在长期的思想政治教育实践中形成和发展起来的，具有实践和理论的双重属性。大学生思想政治教育模式的创新要围绕以下五个基本原则来设计和运行。

（一）"疏"与"导"相互结合的原则

"疏"就是广泛征求意见，疏通各种利害关系。"导"就是在疏通的基础

上，对正确的元素加以肯定，对错误的元素进行否定，并引导相关主体向正确的方向前行。疏通和引导是两个相辅相成的个体，只有深入调查分析个体需求、厘清各种错综复杂的关系，才能够充分了解人们的想法，为"导"提供路径和方向；引导则为疏通提供基本的动力。二者相互结合是进行大学生思想政治教育的前提。

进行大学生思想政治教育必须以大学生的行为特点为直接依据，而决定大学生行为特点的思想特点则是开展大学生思想政治教育模式创新的根本依据。从模式创新的角度来看，教育者仅仅把握大学生的行为特点还远远不够，还需要进一步掌握大学生形成这种特点的原因。一般而言，大学生行为是外显的，其特点可以通过观察方法进行归纳，而要掌握具有内隐性的大学生的思想特点，关键就在于"疏"，就是让大学生"说话，说真话"，通过创造宽松的氛围、疏浚沟通渠道、搭建对话平台等一系列举措，让大学生原原本本地道出自己的真情实感，完完整整地表达自己的思想观念，从而了解学生的所思所想。在把握大学生思想特点的基础上，能够从更深层次分析和研究大学生的行为方式，从里到外、从源到流全面掌握大学生的行为特点，并预测其未来发展趋势和发展方向，为开展大学生思想政治教育模式创新奠定基础。"疏"只是手段，"导"才是目的。思想政治教育工作者要特别注重在"导"上下功夫，导思想、导行为，通过选择运用各种教育方法，引导大学生不断强化正确的思想观念和行为习惯，不断纠正错误的思想观念和行为习惯，以达到大学生思想政治教育模式创新的根本目的。

（二）理论与实际相互结合的原则

理论与实际相互结合是处理一切问题的基本方法。理论对实际具有重要的指导作用，列宁曾说："没有革命的理论，就不可能有革命的运动。"实际反过来又对理论起到补充和修正的作用。理论与实际相互结合的原则，正确反映了理论和实际之间的辩证统一关系。现代思想政治教育，就是要求人们运用科学的方法认知世界，要求必须深化理论的指导力量，同时也要结合不同的国情、时代背景等实际情况开展思想政治教育，以达到知行合一的效果。

大学生思想政治教育模式创新是一项实践性很强的活动，必须有科学的理论加以指导。大学生思想政治教育模式创新是依据教育对象的实际情况、教育环境的不断变化来更新教育方式和方法的过程，是不断地将抽象的理论与具体的实际相结合的过程，是与思想政治理论教育相互配合、形成合力的过程，是加深和强化教育对象对理论的理解与把握，实现教育对象对理论的自觉接受和科学运用的过程。理论在大学生思想政治教育过程中发挥基础和保障的作用，是教育过程的起点和归宿，如果没有理论的指导和运用，大学生思想政治教育模式创新将失去依据、失去方向、失去价值。在大学生思想政治教育模式创新中，必须牢牢坚持理论与实际相互结合这一原则。

（三）国际化与民族性发展相互统一的原则

随着全球化的发展，面向世界、放眼全球成为每一个国家、每一个民族甚至每一个社会个体必须具有的思维方式和视觉维度。然而，全球化亦造成了大量的"文明冲突"，作为应对全球化挑战的基本策略，世界各国尤其是发展中国家，为了维护国家的主权和独具特色的民族文化，继续坚持民族化发展的现代化取向。事实上，民族化和全球化是相辅相成的，民族化是全球化发展的基础，全球化是民族化发展的条件。在全球化与民族化的交织中谋求发展，成为每个国家、社会乃至个人都无法回避的现实。大学生思想政治教育也不能例外。

置身全球化的国际环境，面对激烈的国际竞争，要应对不良思潮对大学生的不利影响，对于大学生思想政治教育工作来讲，自我封闭或者一味回避都是没有出路的。同时，大学生思想政治教育应当立足中华民族传统文化的基石，立足中国特色社会主义现代化建设的实践，进一步加强对大学生的民族精神教育和时代精神教育。

不难看出，大学生思想政治教育模式创新必须正确处理"外"与"内"，"他"与"我"的关系，既立足本国又面向世界，在坚持面向世界与立足民族发展相统一的过程中，培养既懂得中国又了解世界、既有民族气质又有国际视野的新型人才。

（四）主导性与多样性相互统一的原则

主导性与多样性相互统一，要求大学生思想政治教育既要坚持"一元主导"，又要允许"多样发展"；在教育目标、教育内容、教育要求、教育渠道、教育方法等各个方面既要体现主导性，又要体现层次性、丰富性、广泛性、多样性。对于大学生思想政治教育模式创新而言，坚持主导性就是要求必须坚持用社会主义的意识形态、马克思主义的指导方针和中国社会主义特色理论武装大学生头脑。多样性则是根据不同教育对象的要求，丰富并发展主导性的要求，对主导性的发挥起到配合和补充的作用。多样性包括内容选择的多样性和针对不同教育对象、教育环境实施教育。

主导性是实现多样性的前提，离开主导性的多样性必然导致教育活动的混乱，使日常思想政治教育失去目标和存在的价值基础；多样性是实现主导性的条件，离开多样性必然导致教育活动的僵化，不利于大学生思想政治教育取得针对性和实效性。因此，创新大学生思想政治教育模式必须要注意主导性与多样性的紧密结合，二者缺一不可。

（五）自主性与社会化相互统一的原则

大学生思想政治教育模式创新要坚持自主性与社会化相统一的原则，主要是基于开展大学生思想政治教育的组织而言的。随着社会的发展和进步，对大学生进行思想政治教育已经不仅仅是高校的责任，更是全社会共同的责任。因此，从这个意义上说，大学生思想政治教育模式创新必须走出学校、走向社会，既坚持自主发展的独立性，又能够融入社会，充分利用社会优秀的育人资源和广阔的育人平台。

众所周知，大学生思想政治教育是高等教育的重要内容。高校首先应充分发挥自身的自主性，充分调动一切教育力量，充分利用既有资源，切实增强大学生思想政治教育的实效性。同时，高校更应该敞开大门，将大学生思想政治教育置于社会系统、环境和平台之中，以社会生活的生动素材、经济建设的巨大成果、文化建设的优秀作品教育和引导大学生，努力推进大学生思想政治教育工作的社会化发展，充分利用社会力量和社会资源，开创大学生思想政治教育的社会化发展局面。坚持大学生思想政治教育的自主性与社会化相统一，既有利于高校、社会各方形成合力，又有利于直接推动大学生个人发展的社会化进程，是当前以大学生思想政治教育为载体进行大学生人格养成教育的必由之路，因此也是创新大学生思想政治教育模式必须坚守的原则之一。

第三节　大学生思想政治教育模式创新的路径选择

一、构建大学生思想政治教育新模式的教育内容选择

创新大学生思想政治教育模式须要根据时代的变化和大学生发展需要及时进行教育内容的选择和创新，不断充实和丰富教育内容，拓展思想政治教育领域。

（一）教育内容选择的基本原则

大学生思想政治教育内容是为了实现思想政治教育目标而进行的教育实践活动。随着大学生和社会发展双重需要的变化，大学生思想政治教育目标在适时调整与重新选择定位的同时，有必要进行大学生思想政治教育内容的

选择与确定。进行教育内容选择需要遵循以下基本原则：

其一，坚持思想政治教育内容的政治性与大学生发展性相结合。一直以来，大学生思想政治教育都十分重视政治意识形态教育，并强调通过课堂灌输的方式使学生掌握政治理论知识，虽然在一定程度上满足了社会政治要求，但却忽视了思想政治教育在促进大学生个性发展层面的教育使命，使思想政治教育脱离大学生实际需求，陷入空洞说教。因此，为创新大学生思想政治教育模式，在教育内容选择上须要以政治教育为核心，但也要重视大学生的发展。

其二，坚持思想政治教育内容的理论性与实践性相结合。如前所述，课堂灌输是大学生思想政治教育的主要方式。可以说，课堂也是进行思想政治理论教育最有效的方式。但是，相对于课堂上收获的间接认识而言，实践是获得认识的直接来源，而且是检验真理的唯一标准。特别是近年来，大学生的实践能力日益受到重视与社会实践教育覆盖面不广之间的现实矛盾逐渐凸显出来。因此，选择与创新大学生思想政治教育内容必须坚持理论性与实践性相结合，以课堂教育为主，辅之以社会实践活动，从而使大学生在现实情境中切身体验并灵活运用所学知识和已有经验，形成对马克思主义基本理论，中国特色社会主义理论体系，党的基本路线、方针、政策与国际国内热点问题更加深刻的认识。

其三，坚持思想政治教育内容的稳定性与时代性相结合。从我国大学生思想政治教育历史看来，教育内容主要是特定时期社会主流意识形态，但是内容与现实的国情、社情之间的联系不紧密，与不同时期大学生的发展需要之间的联系不紧密，对现存的实际问题缺乏针对性的回应与解释，从而表现为教育内容脱离实际，难以让大学生入脑入心。因此，大学生思想政治教育内容的选择与创新须要在坚持政治意识形态教育的稳定性同时，结合时代发展需要，实现全方位覆盖的教育内容：既包括爱国主义教育、公民品德教育等思想政治范畴的教育，包括学习态度、学习习惯、专业认知等学业督导范畴的教育，包括艺术鉴赏等人文素养范畴的教育；又帮助大学生解决发生在身边的实际问题，想其所想、急其所急，采取主动干预的方式，促进大学生的可持续发展，提高大学生的综合素质等等。

（二）教育内容选择的主要维度

大学生思想政治教育内容选择在坚持政治性与大学生的发展性、理论性与实践性、稳定性与时代性的基本原则基础上，为实现思想政治教育的综合化模式需要从如下五个维度全面地进行教育内容选择：

1. 政治理论与理想信念教育

政治理论教育是社会意识形态在社会传播的主要途径，而理想信念则是人们价值追求的目标，是支配人们行为的精神动力。通过政治理论教育能够帮助大学生坚定社会主义的信念与共产主义的理想，是培养大学生的理想信念，提高大学生的政治觉悟和理论素养，帮助大学生建立科学的思维方式，实现全面发展的目标。

2. 传统文化与思想道德教育

随着改革开放的不断深入和社会主义市场经济体制的建立，大学生的价值体系受到拜金主义和享乐主义等思潮的侵蚀。在多元化价值观的影响下，部分大学生抛弃了勤俭节约等传统美德，重享受轻奉献，讲奢侈轻节俭，重利轻义等现象时有发生。针对这一现象，大学生思想政治教育内容有必要融入传统文化内容，用我国传统文化当中所蕴含的精深的哲学思想和深厚的人文底蕴浸润大学生的思想，开展以社会主义核心价值观为基本内容的思想教育，突出道德教育的基础性地位，形成针对拜金主义和享乐主义等不良思潮的专题教育。

3. 创新教育和实践教育

充分开发人的潜能，培养创新能力是 21 世纪教育的最高目标。因此，创新教育势必需要纳入到大学生思想政治教育的内容范畴。开展创新教育具体包括如下方面：一是，创新教育必须立足于专业素养的不断提升。大学的专业知识教育是帮助大学生掌握专业知识并建立合理的知识结构的教育。一般来说，合理的知识结构既要能满足专业和社会生活的需要，又有自己的独特之处，博而不杂，专博结合。合理的知识结构应当具备要素齐全、比例协调、构成灵活、动态调整等特征。专业知识是构建大学生知识结构的核心知识，同时也是大学生创新必备的认知基础，对于大学生成才具有基础性作用。二是，要求营造校园鼓励创新、崇尚创新的氛围，通过学术讲座、学术论文比赛、创造成果展评等科技创新活动，增强大学生的创新意识，提高大学生的创新能力。此外，能力是智力的表现形式，分为智力类能力和操作类能力，它是知识和智力的结晶，在人的智能结构中发挥着效应转化器的作用。能力教育对于大学生来说至关重要的，对大学生成才具有现实的和潜在的作用。

4. 身心素质教育与就业教育

高校应当关心大学生发展过程中遇到的身体、心理、就业发展等各种问题，而这一系列问题也正是大学生思想政治教育需要解决的重要内容，需要充分发挥咨询功能，通过建立咨询机构、健全咨询制度、构建咨询网络等方式提供指导和服务，促进学生健康发展、快乐成才。首先，身体是开展一切其他活动的基础，大学生应当努力提高自身的身体素质，为全面提高素质奠定良好的身体条件。加强体育锻炼可以强健体魄、培养良好的心理品质和社会适应能力。身体素质教育在为大学生奠定健康的身体基础、培养良好的社会适应能力、促进智力的培养和提高、培养良好的心理品质等方面都具有十分重要的作用。同时，大学阶段正是人的心理逐步走向成熟的关键时期，也是人的生理和心理迅速发展时期。大学生思维活跃、接受新鲜事物速度快，但是大学生社会经验缺乏，处理人际关系和辨别是非的能力尚不足，对待失败和挫折还不能有效应对，因此开展有效的心理健康教育对于大学生的全面发展意义十分重大。此外，重视开展就业教育。高校就业指导工作应贯穿大学学习的始终，通过各种有效方式帮助学生树立正确的择业观，掌握就业技巧、提高社会适应能力，做好职业生涯规划并做好创业培训。事实上，创业对于弥补就业岗位不足、增强毕业生社会参与的深度具有十分重要的意义。国外高校非常重视学生创业意识和创业能力的培养，而我国在这方面尚处于刚刚起步阶段。

5. 媒介素养与网络思想政治教育

如前所述，网络的广泛运用在拓宽了大学生思想政治教育渠道的同时，也对大学生思想政治教育内容选择产生了很大冲击。面对网络平台上不同意识形态和价值观念的交互碰撞，尚未形成独立的价值评价体系的大学生容易产生网络学习依赖、网络孤独症、网络言行的随意性等等学习、心理、道德行为层面的问题。故而，大学生思想政治教育内容须要适时增强网络思想政治教育内容，从而帮助大学生进行有效的价值选择与价值判断。而网络思想政治教育内容则需要涵盖媒介素养教育内容。具体而言，就是需要通过将新媒体的应用渗透到课程教学与知识讲座过程中，侧重于培养大学生对媒介信息的选择、理解、判断、使用与表达的能力，使大学生形成自觉遵守媒介的使用规范和道德的优良品质。

二、构建大学生思想政治教育新模式的教育方式选择

教育方式是在一定的教育理念指导下，遵循教育的一般规律和基本原则，为实现教育目的所设计的具有策略性的途径。构建"五维一体"综合性的大学生思想政治教育模式，必须立足于思想政治理论课在大学生思想政治教育中的主渠道作用，同时又必须防止理论教育的形式化和外在化，在采用传统课堂灌输的教育方式之外，从多样性、综合性、常态化与隐性化的角度选择相应的教育方式。

（一）高校、家庭、媒体、社会相衔接的日常化教育方式

所谓日常化的思想政治教育方式实质上就是将思想政治教育与大学生的日常生活密切结合起来，从而使思想政治教育的内容和目标要求自然而然地成为大学生本真的思想和行为习惯。这就要求思想政治教育必须从大学生日常生活的点滴着手，充分利用大学生的生活情境开展全方位的教育活动。具体说来，既包括高校贯穿大学生日常生活的教育、管理与服务，如高校为解决大学生实际困难所进行的咨询教育等；又包括大学生所受到的社会大环境影响，如家庭教育、媒体引导与社会实践活动参与等等。

1. 大学生思想政治教育的咨询教育方式

针对大学生的实际需求，高校的咨询教育应主要涵盖心理、学业与就业三个层面。具体如下：

（1）心理咨询

高校开展心理咨询应当注意以下三个方面：

一是，要重视心理咨询在大学生成长中的重要作用。众所周知，人的心理健康与生理健康同等重要。就大学生而言，由于学习与就业压力大、处理人际关系能力较弱、情感丰富而易受伤害、抗挫折能力较弱、社会生活中理想与现实落差大等原因，心理问题尤易频发，及时针对大学生学习、生活中出现的心理问题与困惑，开展咨询教育可以有效地帮助大学生管理情绪、舒缓心理、振奋精神，从而更好地投入到学习生活中。

二是，要摆清心理咨询与思想政治教育之间的关系。心理咨询与大学生思想政治教育既相互联系又有明显区别，二者不可替代，更不可割裂。大学生思想政治教育包含着大学生心理健康教育，心理咨询能够有效帮助大学生解决心理问题，进而促进思想政治教育的开展。如前所述，在当前新的现实条件下，高等学校培养出的学生不仅要有良好的思想道德素质、充足的科学文化素质和健康的体魄，还要有良好的心理素质。长期以来，高校思想政治教育往往只重视学生思想观念的形成，而忽视了学生心理素质的培养；只关注国家和社会对学生思想政治道德规范的要求，忽视了学生的心理素质教育，一些学生的心理障碍往往被当成思想问题去处理，使大学生思想政治教育失去了针对性和实效性。在此背景下，借鉴并吸收心理咨询的有关理论、方式方法、工作模式等将有助于大学生思想政治教育的开展，进一步贴近大学生的实际需要，走向生活化、科学化、具体化和实用化。

三是，要努力提高高校心理咨询的专业化水平。高校应该适当引进专业从事心理咨询的人员承担大学生心理咨询工作，同时大学生思想政治教育工作者也应当由被动转向主动，积极学习掌握心理咨询的专业知识，通过课程

教学、专题讲座、资格考试等多种形式开展大学生心理咨询服务，注重从对大学生进行个体咨询向实现个体咨询与团体咨询相结合转变，向咨询实践与咨询科研相结合转变等。将大学生心理健康教育与咨询作为思想政治教育的重要内容，通过宣传与普及大学生心理健康知识，建立并不断完善大学生心理健康档案，组织并指导大学生心理自助活动等手段，及时帮助大学生解决心理困惑，从而切实提升大学生的心理素质。

（2）学业咨询

学习是大学生的主要任务，很好地完成学业是大学生获取专业知识，并进一步形成科学的思维方式，培养创新精神的基础。进入大学以来，学生面临着学习环境、学习方式的一系列变化，从而容易出现厌学、自我迷失等现象。面对大学生的学习困难，高校必须将学业指导和咨询作为大学生思想政治教育的重要方式之一。具体说来，建立有效的学业咨询体系应当从以下四个方面入手：

一是，成立学业咨询的专门机构。通过制定相应的规章制度，聘请学业咨询导师、开展学业咨询理论研究等方式，使学业咨询专门机构切实发挥督导学生学习、解决学生学业实际问题、挖掘学生学业潜能的积极作用。

二是，举办学业咨询培训活动。对从事学业咨询的人员进行培训，使他们掌握相应的理论、技能和方法，从而提高学业咨询的专业性与科学性。

三是，构建科学的学业评价、预警体系。有针对性地建立评价、预警体系，对大学生的学业情况加以科学分析和判断，从而对出现学业问题的大学生进行及时的提醒。

四是，丰富学业咨询形式。采取学习经验交流会、建立学业咨询社团、成立学业咨询工作室等更加灵活、多样、有效的手段开展学业咨询。

（3）就业咨询

就业越来越成为衡量高校教育质量的重要指标，同时也是大学生最为关注的毕业出口之一。建立良好的就业咨询体系应当从以下两个方面入手：

一是，要建立完善的就业咨询机制。高校应当成立专门的就业指导部门，合理利用本校教师资源和社会用人单位资源，聘请具有实战经验的专业人士对大学生进行系统性的就业指导。同时，对大学生的就业咨询应当贯穿整个大学阶段，从认识专业属性、建立合理的知识结构、科学规划职业生涯到具体的择业就业技巧等，应当结合大学生不同阶段的具体需求开展不同的就业咨询。

二是，就业咨询要以培养大学生正确的就业观和发展观为要点。要通过就业咨询体系培养学生正确的就业观念，使大学生能够在正确认识自己、正确看待社会形势的前提下选择适合的就业岗位，从而使大学生认识到在未来的社会环境下，"一岗定终身"已经不再是常态，而终身学习才会是未来社会的常态，只有不断学习，不断进步才能跟得上社会发展的脚步。

（4）人际关系咨询

学生步入大学之后，除了学习方式发生的变化，生活方式也同样发生了变化，宿舍生活拓宽了大学生的人际沟通平台，但是对于以"后独生子女为主体的大学生来说也极易成为滋生矛盾的平台。因此，对于大学生而言，将人际关系咨询纳入到大学生思想政治教育方式中，对于帮助他们正确地处理人际关系很有必要。建立良好的人际关系咨询体系可以尝试从以下三个方面入手：

一是，要对大学生人际关系问题引起重视。从中学到大学，生活学习环境发生重大改变，大学的社会感显著增强，人际关系比中学阶段要复杂得多，部分大学生难以适应，从而引发心理健康问题。有研究表明，人际关系状况与大学生的心理健康水平有显著的相关。这种相关关系具体表现为：拥有良好的人际关系有助于大学生拥有健康的身心，从而能够促进学业进步；反之，人际关系不良则常常会导致心理失衡，极易出现空虚、焦虑、心情压抑、抑郁等心理问题，严重者甚至还会出现自杀等倾向。可以说，人际关系咨询是促进和维护大学生心理健康的迫切需要。

二是，大学生人际关系咨询是高校全体教职员工共同的责任。人际关系无处不在，人际关系咨询也理应无处不在。除了心理咨询的专业人员外，高校辅导员、教师、同学，甚至宿舍的楼管员都可能成为大学生倾诉人际交往困难的对象。因此，高校应当树立人人都是人际关系咨询员的理念，充分发挥专业人员的带动和指导作用，鼓励每个人都要学习人际交往知识，规范人际交往行为。

三是，要在人际交往咨询过程中培养大学生良好的人际交往行为。要让大学生了解和把握成功的人际交往原则：平等交往、尊重他人、真诚待人、互助互利、讲究信用、宽容大度。要注重人际交往技能的培养，善于表达、学会倾听、合理调控。

2. 社会支持体系下的大学生思想政治教育方式

（1）家庭教育

家庭是人们生活的重要场所，家庭气氛、家庭教养方式和家庭结构为大学生提供经济、心理、接纳等综合性的支持资源，对大学生的成长成才具有重要影响。中国重视家庭教育的传统源远流长，"子孙贤则家道昌盛，子孙不贤则家道消败""苟家人之居正，则天下之无邪""家之正则国之定"等古语都体现了家庭教育的重要性。而美国的一位社会科学家则把家庭称作是"社会经验的看门人"，并且认为"家庭教育与儿童政治意识的形成有着密切的关联。"此外，其他国家也十分重视家庭教育的地位，强调家庭教育对学校教育的补充作用。

（2）媒体引导

在当今大众媒体时代，大学生的思想与行为受到舆论导向的影响越来越明显。换言之，充分利用传统媒体与网络新媒体对于大学生思想政治素质的提升具有重要的引导作用。然而，在市场利益的驱动和消费主义的诱导下，媒体的过度市场化带来的泛娱乐化"倾向严重颠覆了大学生群体的道德标准，混淆了是非判断的价值观念。加强媒体"社会支持"管理的作用，应当体现在为大学生思想政治教育营造良好的社会舆论氛围，并通过媒介宣传、沟通交流、教育引导、榜样示范与审美熏陶五种手段担负起大学生思想政治教育的功能与使命。

（3）社会实践

实践活动是指人有目的地改变现实的感性物质活动，是客观物质性和主观意识性的统一。大学生实践活动包括校内实践和社会实践，重点是社会实践。社会实践对于提升大学生的思想政治素质、道德品质具有积极作用。

总之，要充分发挥社会支持元素在大学生思想政治教育过程中的重要作用，必须通过管理创新，运用有效的介体把各着力点的道德教育功能连接起来，激活其各自的积极作用和正面影响。

（二）以校园文化等为载体的隐性化教育方式

1. 进行高校校园文化建设

高校的校园文化包含物质文化、制度文化和精神文化三个层面，而且这三个层面之间是彼此递进的关系，由此构成了校园表层文化、中层文化和深层文化。因此，校园文化建设也须遵循由表及深的逻辑。

（1）校园表层文化建设

校园表层文化建设是以校园硬件环境建设和校园活动为主要内容的。校园表层文化建设必须要始终坚持以人为本的理念，文化建设成果易于被大学生所接受，不仅具有吸引力，而且能够体现出创造性等特点。具体说来，校园硬件环境建设是物化的文化，是可以用肉眼直接感受到的，比如一所学校的宣传橱窗、校园石刻、景观小品等。而校园活动是则由学校组织或者学生社团自发组织的各种课外活动的集合，它对于培养学生的组织协调能力、团队合作能力、创造力等等均具有十分重要的意义。通常说来，有很多大学毕业生即便回忆不起来某门课所学的内容，却可以清晰地记得自己曾经参加过的某次令他们印象深刻的活动，可见举办深受大学生喜爱的校园文化活动，对于拓展大学生思想政治教育平台，帮助大学生成长成才具有很强的推动作用。

（2）校园中层文化建设

校园中层文化建设主要体现在两个层面，分别是文化类课程建设与制度文化建设。具体说来，设置诸如案例研讨式德育、心理援助与自助、人际关系学与职业生涯规划与指导等思想文化教育类课程可以从课程文化的视角丰富校园文化，产生育人价值。而且在此过程中，教师的知识素养、文化意识、价值理念、思维方式与行为习惯等可以随时随地并潜移默化地影响着大学生，是校园文化育人的主体，也是重要载体。事实上，校园文化在课堂上始终处于不断生成、碰撞、抵消、重构的动态过程中，具有不可控制的复杂性，同时也势必具有不可限量的育人价值。此外，校园中层文化建设还体现在制度文化建设上。制度是必要的存在，在制度文化的建设过程中必须始终坚持以学生为本，把规章制度的刚性要求降到最低限度，从而实现制度文化建设的终极追求，更加有助于实现制度文化育人的有效性。

（3）校园深层文化建设

校园深层文化建设主要体现在大学精神的建设上。具体说来，学校的办学理念、校训及其深刻内涵、育人目标等都是围绕在大学精神基础上的校园文化深层次表现。

可以说，一所具有深厚的历史沉淀和较高文化涵养的大学，其校园文化的内核无论是经历着从无到有的过程，还是由错落到精致，直至大象无形的历史轨迹，均体现出学校建设和发展的方方面面。在学校历史发展的进程中，大学精神会渗透到高校的每一个细节，当这种渗透与浸润达到一定程度之时，大学精神的内涵便会自然地气蕴四溢、香泽周边，熏陶着在这一文化场域中的每一位大学生。此外，大学精神主体形态的形成并非只是其自身历史积淀的单纯过程，而更多的是在多种文化的交融碰撞中不断地吸取多元文化精髓，塑造起自己所特有的文化磁场，并在文化磁场中滋养自己的代代学子，而且使大学生们带着母校的文化基因走入社会的各行各业，成为中国特色社会主义事业可靠的智力保障，正是校园深层文化建设想要达到的最高境界，同时也是校园文化作为隐性思想政治教育方式的价值所在。

2.实现高校校园文化建设与实现文化育人的"一点"、两面""三性"和四加强"

"一点"是指要找准校园文化建设的立足点。具体说来，学校文化建设应该立足于学校自身的建设和发展，立足于全校师生的发展和成长，不仅体现为学校文化建设的出发点为了学校自身发展，而且体现为将实现学校的自身发展作为学校文化建设的归宿，更加体现为文化育人应该面向全校师生这对教育主体与受教育主体。但是，就目前状况而言，仍有不少高校的学校文化建设偏离学校文化建设的根本宗旨，具体说来表现为以加强宣传工作为目的，或者以建设形象工程为目的，又或是以随大流为目的，再或者以此作为争取经费的要件等等。因此，高校必须准确把握校园文化建设的立足点，从学校全体师生的智慧中来，到为促进学校师生的发展成长与学校的自身发展中去，秉承"以人为本""以尊为先等文化建设理念，坚持立足自身，实事求是的文化态度才能取得良好的效果。

"两面"是指要重点把握好校园文化的"内涵"和"外延"，并尝试将二者有机结合起来。具体说来，学校文化建设所秉承的核心价值观、基本原则和根本宗旨等是校园文化的内涵，而校园文化的外延则是其具体表现形式，包括环境布置、规章制度、行为规范和管理模式等内容。从内涵和外延之间的关系来看，如果没有深刻的校园文化内涵，进行校园文化育人的一切形式和成果也都只能是虚空的架子。反之，如果没有适当的校园文化外延，内涵也就不能外化为具体的文化载体，从而只能沦为"水中花""镜中月"。在校园文化建设的实践过程中，人们往往对校园文化的外延关注得较多，而忽视了内涵的塑造。然而，实际上重视并加强校园文化的内涵建设，是提升校园文化建设水平，增强校园文化效力的关键所在。

"三性"则是指在建设校园文化的过程中始终要坚持民主性、系统性和发展性。所谓的民主性是指在学校文化建设的全过程中，即从学校文化内容的形成到文化载体的选择均要充分发动并依靠全校师生，而不能搞"一言堂"，因为针对校园文化建设而开展的民主讨论和征求意见的过程事实上也是对校园文化不断宣传和内化的过程。总之，校园文化建设的民主性是实现校园文化原创性、自然性和特殊性的重要前提。对于系统性而言，则是要求校园文化建设要在系统规划和全盘考虑之下进行，无论是建设理念，还是实现形式；再不论是活动方式，还是物质或精神产品都需要在这一全盘系统中进行。然而，发展性则是指校园文化的建设要保持连续性和与时俱进，不能出现"三天打鱼两天晒网"、随机安排等状态。校园文化建设也必须要不断地发展和创新，真正做到流水不腐、户枢不蠹，才能使校园文化育人实现真正的"育所有的人""育人成长的每个环节"。

"四加强"是指在进行校园文化建设过程中加强思想认识、加强领导、加强引导与活动开展。首先，加强思想认识是基础。文化是看不见摸不着的东西，而且校园文化需要长时间的积累和沉淀，因此，人们难以对校园文化有足够的重视，要实现文化育人，就须要不断加强宣传，提高人们对校园文化的认识水平和重视程度。其次，加强领导是关键。"火车跑得快，全靠车头带"，学校领导对校园文化重视与否直接关系到高校校园文化的建设的好与坏。再次，加强正确引导是原则。要在校园里构建健康向上、高雅质朴、文明科学的校园文化需要正确的引导，否则各种伪文化、坏思潮就会乘虚而入。最后，加强活动的开展是根本。校园文化是以活动为载体的，要开展各种丰富多彩的校园文化活动，这是实现校园文化育人的根本所在。

第六章 "微时代"给大学生思想政治教育带来的机遇及挑战

第一节 "微时代"概述

随着新媒体技术的快速发展、互联网络的大力建设以及智能手机的广泛应用，一个全新且自由的"微时代"已悄然而至。"微时代"的出现不仅改变着大多数人的生活方式，它更以一种潜移默化的形式对当代大学生价值取向的塑造行为方式的选择、人际交往的优化等方面造成一定的影响。为适应"微时代"给高校教育环境所带来的新变化，思想政治教育工作者们必须深刻认识和理解"微时代"的内涵和特性，打牢新时期发展思想政治教育的根基和基础，努力做好"微时代"背景下的大学生思想政治教育工作。

一、"微时代"的概念

在汉语词典中，"微"的意思是：细小、精妙。"微"是一个极小的度量单位，与某一物理量的单位连用时，表示该量的百万分之一。例如"微米"，即是米的百万分之一，计算下来可谓微乎其微。"微时代"中"微"的含义主要体现在以下几个方面：一是文字数量"微"，各类新兴的网络信息交流媒介均以其内容言简意赅、通俗易懂作为基本特征，例如先期微博内容的编辑要控制在 140 字以内，微信朋友圈动态的字数也在 50 字左右，QQ 空间以及签名的字数则更少；二是软件本身"微"，"微时代"的传播媒介是虚拟的，不是特定的实体，而是通过手机、平板电脑等电子设备下载软件，这些软件占用内存小且技术含量低，对电子设备的要求不高，只需要通过电子设备进行软件下载并进行用户注册就能登录使用，对于绝大多数用户来说简单上手；三是移动终端"微"，这些热门的"微平台"需要依靠移动终端设备来运行，以电脑为例，从最开始的台式机到笔记本电脑再到便携式平板电脑，移动终端设备的体积越来越小，越来越便于携带。可以说，移动终端技术的进步有力地推动了"微时代"的到来。

"微时代"作为一个具有鲜明时代特色的命题，学术界对它的概念并没有进行一个统一的界定。因为"微时代"涉及了多个方面的内容，因此，本文力求从各个角度去解读"微时代"的内涵。

以信息传播为视角来看，"微时代"下的信息传播是指依托新媒体技术，通过智能手机、平板电脑等显示终端以图像、视频、音频、文字等多种方式进行信息的接收与发布的活动，这种信息传播速度较快、效率较高、互动性较强，"微时代"就是这样一种全新的信息传播时代。

以物质技术为视角来看，新兴媒介的开发和广泛应用是"微时代"发展的物质基础。近年来，智能手机功能越来越强大，电脑体积越来越小巧，网络覆盖越来越广泛。因此，适应人们日常沟通和娱乐需要的诸如微博、微信、QQ 等社交软件不断涌现，促成了"微时代"的到来以影响力为视角来看，"微时代"是一个见微知著的时代。绝大多数网民在网络上发出的声音是微弱的，做的也是一些微不足道的小事，但是当他们的行动能力与舆论力量通过自主集结后，就会产生强大的影响力，正是这股力量推动了"微时代"的到来。

以诞生的基础为视角来看，微博的诞生标志着"微时代"的到来。"随时随地发生新鲜事"是新浪微博的介绍语，网民通过手机、电脑等移动终端在微博平台上发布细琐的消息，实现信息的即时分享。正是这种"微信息"的特点体现出了"微时代"的基本特征，"微时代"在近些年之所以有如此大的进步，离不开微博的诞生基础。

以涉及的内容为视角来看，"微时代"下各种"微应用"包括微博、微信、微公益、微小说、微电影等内容，这些"微产品"的研发促进了"微时代"的发展，并在新时代中相互竞争和影响，它们共同推动了新时代进步。

综上所述，"微时代"即是这样一种社会状态："微时代"就是在移动通信和网络信息技术的支撑下，人们以视频、图片、音频、文字等方式利用微博、微信等"微媒介"进行即时、简单、高效的信息互动，在信息交流方式、内容，社会心理和生活方式等方面所表现出的全新且复杂的新时代特征。

二、"微时代"的特征

"微时代"作为一段伴随着通信网络技术不断发展变化的特殊时期，它具有诸多特征，概括起来主要有以下特征。

（一）沟通的双向互动性

传统的信息传输采用的是一种自上而下的传播方式，群众只是被动地接收信息，无法以平等的姿态即时地与信息发布者交流沟通，这种传统的信息传播方式显示出了信息发布者对于信息的超强控制性以及对受众的绝对权威性。"微时代"背景下的信息传播抛弃了这种单向强制性的模式，转而通过互动式来实现对于信息传播的主客体之间双向交流，这种去"中心化"的交往方式使得人们之间的交流变得更加自由、随意、生活化。以"微信"为例，微信用户可以在朋友圈发布文字、图片、小视频等来表达自己的所感所想，微信好友可以对此动态进行点赞评论来进行即时、双向的交流，既提高了信息的传播效率，也加强了好友之间的来往沟通。微博、微信等微平台没有等级划分，人人都可以参与，不管你是普通民众还是各行各业的人才精英，不管你是涉世未深的年轻人还是德高望重的长者，你都可以利用这些微平台畅所欲言，自由地发表意见、观点，表明自己的态度，也可以和陌生人加为好友，对其发布的信息内容进行点评和点赞，对喜欢的信息内容进行转发与分享，实现跨空间的信息交流。"微时代"背景下形成的信息交流形式可以使移动终端前的每个人参与到事件中来，这不仅能增强网络用户之间信息沟通的互动性，还可以促进信息的广泛传播。这种新型的双向性、网络式的沟通方式更贴近群众的生活，更符合人们日常交流的习惯。

（二）信息传播的快速性

在新媒体发展之前，人们传递信息的方式非常有限，最早是由书信传递消息，效率极低，速度极慢；多年后科技的发展使得手机开始普遍起来，人们可以通过电话、短信的方式进行信息的交流沟通，虽然此时信息传递速度加快了许多，但是"由点到面"的消息传送还是需要一定的时间：网络技术的发展使得人们可以即时地享受科技带给我们的便利，我们可以通过手机报、新闻网等平台来关注身边、国内甚至国际上的大小事，然而这时期的新闻都是通过新闻工作者经过深思熟虑的考量之后编辑出来的新闻内容，这在事件的发生到民众得知消息之间还是存在一定的时间差；"微时代"来临之后以微信、微博为主的微媒介使得人人都成了信息发源点，微民发布简短的文字信息，不需要像新闻工作者那样花费心思去对文字进行严谨地构思，网民们可以自由地表达所观所想，也可以复制他人的文字，这无疑加快了信息的传播速度和效率。由此可见，信息传播的快速性是"微时代"的一个重要的特征。

（三）内容形式的丰富多样性

在"微时代"背景下，信息传播的内容形式不再像以前那样单一，各个软件开发者以及公司为了能在激烈的竞争市场上不被淘汰，绞尽脑汁研发出各种迎合大众需求的应用软件,这些软件恰好能够使得信息传播的内容越来越丰富多样。从信息的内容来看,微媒体不仅可以接收文字、图片、视频、音乐等信息,还能通过软件制造出风格迥异的各类信息,甚至能创作小说,发起各项公益,无论是时事政治还是娱乐新闻,无论是生活琐事还是国家大事,网民都能通过微媒介接收到,这些都完美地呈现了"微时代"背景下信息传播内容的丰富性。

（四）信息的碎片迷你性

西方国家把类似微博的应用软件称作"Twitter",意思是"喊喊喳喳地讲"。在国内,网民进入微博首页之前能看到一条标语:"随时随地发现新鲜事",这些新鲜事大多是微博用户利用三言两语来发发牢骚、晒晒心情,谈论的也基本是生活上的琐事;发布微博内容的字数在 100 字左右,微信语音对话功能也是 60 秒的内容时长,这种简洁的信息传播特点创新了传统以通篇大论传递信息的形式,体现了"微时代"信息传播内容的碎片化特征。现代人压力大,生活节奏快,不是在学习工作就是在学习工作的路上,很难有集中、充足的时间静下心来阅读,在"微时代"人们能够利用等车等人的简短几分钟的时间来浏览短新闻或者微小说,这对广大网民来说是个一举两得的事。

（五）信息传输的流动性

科技的发展促进了各种移动终端的发展,信息的接收和传输不再局限于电脑、网线、电源等,智能手机和平板电脑的普遍应用给人们提供了移动的网络平台,移动 4G、无线 Wi-Fi 的覆盖大大提高了网民上网的速度和质量,人们可以不受时空的限制地利用移动终端来浏览世界各国的新闻,关注自己感兴趣的事件。微民可以通过 QQ、邮箱来收发邮件,通过微博、微信来浏览各种新鲜事,可以使用手机钱包、支付宝等渠道实现缴费、转账、公益捐款。这正体现了"微时代"信息传输具有流动性的特点。第六,影响范围的宽广性。传统的媒介在信息的传播方式和辐射范围上,通常是通过点对点的方式,即信息的接收者是单个的人。然而在"微时代"背景下,信息的发布者可以是千千万万网民,每个网民都能成为信息传送或接收的中心,信息传播活动也由以前的单向流通形式转变成了网状或双向流通结构。微博、微信等微媒介可以通过发布、转发等功能实现超强的传播速度,形成"蝴蝶效应",传播力超过了以往所有网络信息传播方式,传播效应也远超于以往的传播平台。

第二节 "微时代"给大学生思想政治教育带来的机遇

一、"微时代"下大学生思想政治教育工作机制现状分析

（一）"微时代"下大学生思想政治教育工作机制新形式

1. 以"微博"为主的网络互动

微博（Weibo），微型博客（MicroBlog）的简称，即一句话博客，是一种通过关注机制分享简短实时信息的广播式的社交网络平台。微博是一个基于用户关系信息分享、传播以及获取的平台。用户可以通过 WEB，WAP 等各种客户端组建个人社区，以 140 字（包括标点符号）的文字更新信息，并实现即时分享。微博作为一种分享和交流平台，其更注重时效性和随意性。与原有的博客相比，微博打通了移动通信网与互联网的界限，使用更加便捷。国际上最知名的微博网站是 Twitter，美国总统奥巴马是其忠实拥趸。中国的微博主要以新浪微博为主，还有国内几大门户网站也都推出了自己的微博，如网易、腾讯、搜狐等。

在"微博"平台上，最具特色的用户特征是"粉丝数"和"关注数"，根据 2013 年中国大学生"微博"发展报告可知，大学生在使用微博时，关注他人的数量远远多于被他人关注的数量，许多名人、媒体的微博账户吸引了大学生微博用户的大量关注，微博也正是用这种方式为大学生提供了海量的信息。大学生是微博平台上的主要活跃分子，他们更精通电子产品以及各种传播媒介，微博是他们表达情感、了解实事、接触社会、分享快乐的主要平台，在这里大学生们可以与他人分享自己的生活和感受。微博的内容短小精悍，一般原创微博较多，每条原创微博被他人评论要多于被他人转发，大学生们更愿意采用这种简短、精炼的表达方式对他人的微博内容进行评论，表达个人观点，与他人进行互动，而并非盲目的转发、跟从，这也是当代大学生的性格特点之一，他们有思想、有个性，并且乐于表达。

2. 以"微信"为主的沟通方式

微信是腾讯公司于 2011 年初推出的一款通过网络快速发送语音短信、视频、图片和文字，支持多人群聊的手机应用软件。微信的出现迅速抢占了信息市场前沿，其使用量已远远超过短信、MMS 等通信软件。微信以其独特的

功能进入人们的生活，成了街头巷尾人手必备的专用聊天交友平台。

微信强大的功能是它得以迅速发展并为广大用户所广泛使用的最根本原因。微信的主要功能包括：第一，聊天。与传统短信息相比，微信的即时通信不仅可以发送文字信息，还可以发送语音、图片和视频信息等，考虑到多方面因素的存在，微信中可以将一段话变成语音形式读给驾驶人听，也可以将一段语音变成文字表述展示给开会的人，这种智能便捷的应用软件一经推出就已经深得人心。微信聊天可以是一对一的，也可以进行多人群聊，当 QQ 处于离线状态时，微信可以接收 QQ 消息，并且可以通过微信进行 QQ 回复，还可以在 QQ 邮箱收到的新邮件的第一时间就把新邮件通知发送到你的手机上，并且可以直接浏览邮件的内容。第二，交友。微信支持查找微信号加好友、查找 QQ 好友添加好友、绑定手机号码推荐手机通信录中好友、同时摇一摇添加好友、搜索附近的人添加好友、收发漂流瓶添加好友、二维码查找添加好友等方式。形式多样的添加好友方式使得通过微信添加好友变得简单方便。第三，分享。微信用户可以利用微信朋友圈功能随时随地拍照片、拍视频来记录生活中的点滴，可以分享心得体会、图片、视频、音频、新鲜事、美食和美文等有趣的东西给朋友，可以有选择性的分享给微信通信录里的朋友看到，其他人可以对你分享的信息进行评论和点赞。第四，公众平台。微信公众平台主要有实时交流、信息发送和素材管理这几个功能。用户可以分组挑选有共同喜好的朋友、实时与组内好友交流分享。微信公众号主要面向名人、政府、媒体、企业等机构推出的合作推广业务，通过微信公众号平台定期发送电子信息进行宣传可以为企业乃至国际节约资源，避免了资源过度消耗浪费。

微信的传播特征具有：普遍性。微信应用的最主要的工具就是智能手机，随着人们生活水平的提高和科学技术的发展，手机的更新换代更是飞快，已经逐渐从奢侈品发展到了现在非常普及的消费电子产品。智能手机凭借其独有的特性正在逐步取代人们对电脑的依赖。目前智能手机的价位也越来越平民化，为微信拥有越来越多的用户提供了可能。即时性。相对于传统的人际传播而言，微信打破了时间和空间上的界限，使不在一个空间维度的人们之间的交流实现了同步进行的可能，与短信和电话一样占据了人们日常生活，方便快捷的使用形式，完美诠释了即时性的人际传播。便携性。与其他社交网络、即时通信工具、微博相比，微信的操作更加简单。只要一部智能手机，拥有 3G、4G 网络或 WIFI 环境便可登录使用，和其它微信好友进行交流，使用的便携性得到大大的提升。作为一种传播工具，微信的潜力不容忽视。

3. 以"微视"为主的影音传播

微视频是指短则 30 秒，长则不超过 20 分钟，内容广泛，视频形态多样，涵盖小电影、纪录短片、DV 短片、视频剪辑、广告片段等，可通过 PC、手机、摄像头、MP4 等多种视频终端摄录或播放的视频短片的统称。短、快、精、大众参与性、随时随地随意性是微视频的最大特点。

第一，微视频具有互动性。视频媒介可以进行单向、双向甚至多向的互动交流。视频一经上传就可以发表视频录制者所要表达的观点，观看者的回复评论以及对评论的再回复都将为该视频起到了宣传造势的作用，因为人们往往倾向于舆论热点。第二，微视频具有娱乐性。微视频所展示的内容多是轻松有趣的关于热点话题、热门人物、音乐、舞蹈、美食、时尚、旅行等分享类的视频。人们分享信息的同时在分享快乐和幸福的感受，微视频为大众缓解精神压力、放松心情提供了渠道。微视频内容丰盈，这成为微视频广受大众喜爱的一个重要原因。第三，微视频具有"快餐性"。精英文化已经不是人们追求的主流文化形式，快餐文化越来越受欢迎。人们不愿耗费大量时间去浏览长篇大论，微视频迎合了人们需求精炼易懂内容的特点，并在这种快餐文化诉求中不断发展壮大。第四，微视频具有大众化特性。微视频主要以娱乐功能为主，是一种非权威性的，低门槛的网络视频，微视频的制作者水平参差不齐，视频的上传仅仅是个人行为，不具有任何效益，显得更加大众化。

在大学生思想政治教育活动中，已经在高校中得到应用的微视频形式就是高校目前都已经开展的"微课"。"微课"是指按照新课程标准及教学实践要求，以视频为主要载体，记录教师在课堂内外教育教学过程中围绕某个知识点（重点难点疑点）或教学环节而开展的精彩教与学活动的全过程。"微课"既有别于传统单一资源类型的教学资源，又是在其基础上继承和发展起来的一种新型教学资源。在微课堂上，教师可以关注每名学生的微表情、微变化，从细微处入手，创建一个真正在乎每一个学生的课堂。由于"微课堂"一般时间不会过长，重点难点内容显而易见一目了然，因此在这种课程时间段，学生的注意力一般都会高度集中，教学效果或许并不比传统时间为一小时的课程差，这种新形式也可以更多的吸引大学生的注意，讲授的内容都是进行了精挑细选的，可以是重点、难点，也可以是热点。

4. 以"微公益"为主的网络正能量

我们可以理解"微公益"是以公益精神为核心，人人参与传递爱心，通过做小事做善事而达成的一种公益形式。

微公益具有以下特性：第一，微公益具有开放性。微公益所在的社会场景具有开放性的模式，由此构成活动主体的互动平台与参与环境。微公益的实践主要存在于互联网环境中，世界上每个角落的个体，不分国界、不分民族都可以广泛参与到微公益中来。微公益可以使不同阶层的社会群体得到有效整合，形成和谐统一的微公益参与行为和微公益理念。第二，微公益具有集成性。微公益实践过程中的信息传播，也是微公益理念的传播过程，参与或者尚未参与的个体会在得到信息源后潜移默化地在比较中生成价值观念上的态度选择。这不仅仅可以使有着相似或者相同价值观念的人聚集在一起，把主流的、正确的价值观念进行分享与融合，更可以调整拥有不同价值取向的个体形成相对正确的价值选择，从而引导行为方向，共同践行微公益。第三，低成本。与传统公益活动不同，成本低是微公益的一个显著特点，这也为民众的广泛参与提供了基础和前提。消除人们对公益概念的片面认知和误解是最初微公益被提出来的目的。微公益的提出让人们认识到公益活动并不完全依附于物质的援助，物质仅仅是公益的一个层面，并不是少数富人或者慈善家才能做公益，而是每一个社会民众都能身体力行参与的其中，公益并不仅仅是施助者对于受助者的捐赠这一单方向行为，更应该是两者之间平等的交流和爱心的传递。第四，简易性特征。简易性是微公益的一个特征，微公益虽然简化了公益活动的参与形式，但并不会降低行动本身所具有的价值以及产生的意义，反而因其平民化、草根化、大众化而获得普世价值。

高校举办微公益活动将意义深远，校园中的微公益不仅仅是一种公益活动，也是一种帮助大学生建立思想观念和道德品质向社会主义主流价值方向发展的教育活动。从这点上看，它具有与其他思想道德实践活动一样的思想道德教育功能。因此，高校进行微公益活动势在必行。

（二）"微时代"下思想政治教育工作的新特点

1. 传统思想政治教育去中心化

随着我国社会经济水平的不断提高，手机成了大学生日常生活必备品，大学生将学习与生活完全融入了"微媒体"的使用与发展之中。由于"微媒体"的使用便利，大学生课上课下都可以随时登陆并阅览资讯，这严重的削弱了传统思想政治教育效能，甚至影响了大学生的学习质量。美国教授塞缪斯在代表性文章《后现代主义之后的自动现代性：文化、技术与教育领域中的自主性与自动化》中指出："数字青年们在数字自动化的操作中，非但没有感到主体自主性的沦落，反而体会到前所未有的自由，他们甚至把自动化操作当成了表达个人自主性的渠道。""微时代"的到来使每个人都成了自媒体，网络中大量涌现的信息使人眼花缭乱，大学生受好奇心的驱使容易在网络中迷失自我，这对传统课堂教学模式形成了极大冲击，加上思想政治教育课本内容较为老套，与大学生的现实生活相脱离，学生们对老师抽象、单调的理论说教无法集中注意力，对于学校举行的道德讲座没有耐心倾听，这些因素都影响了思想政治教育工作的有效进行。"微时代"是信息交互的时代，大学生可以随时随地运用"微媒体"进行交流，这种跨距离、跨空间、跨领域的交流引领学生们走进了一个全新的知识领域，这既为思想政治教育工作增添新力量又对传统的思想政治教育方式带来了冲击。传统高校的制度限制思想政治教育工作者没有足够的时间与每个学生面对面交流，处在二三百人的课堂上老师没有办法倾听每个学生所面临的困惑相比，学生更倾向于"微媒体"的怀抱，那里的一切资讯他们触手可及，那里新奇的创意更能吸引他们的目光。如果任由这种情况发展下去，这不但会影响传统高校思想政治教育工作的进行，而且还会是大学生产生对教育内容的抵抗心理。传统思想政治教育工作应当改变以往的教育模式，在建立互相理解的基础上与大学生进行思想交流沟通，再根据学生特点对其进行因材施教。

2. 网络舆论多元化

美国作家凯文·凯利在1990年创作的《失控一全人类的最终命运和结局》一书中，就预言了下一个世纪的传播形式是比特。他提出"下个世纪的科学象征是充满活力的网络。"当今互联网生活，已经进入到了"微时代"。在这个时代，每个人都可能成为舆论中心，大学生身处信息海洋，对于身边发生的事情可以通过新媒体进行实时报道，这种贴近生活的事件通过口语化的表达模式进行讲述，受到大学生的热烈追捧。大学生们还可以根据个人的喜好对信息进行筛选和接纳，加上"微媒体"可以实时互动的特性，对于自己感兴趣的话题可以参与讨论或进行辨证，任何一条信息都有可能激起强烈反响，产生强大的舆论力量，这会对社会造成一定影响，也为思想政治教育工作提出了新的难题。一方面，大学生通过对话题的自主选择可以在自己擅长的领域中找到知己，与认同自己观点的人结为盟友，通过互相之间的交流增加彼此信任，扩展朋友圈，另一方面，大学生可以在参与探讨的同时丰富自己的知识储备，开阔眼界，这是多元化舆论带给大学生的珍宝。然而，网络是一把双刃剑，海量信息在为大学生带来便利的同时势必有其不利于大学生发展的方面。网络信息广泛复杂，部分信息的真伪以及信息产生的意图有待考察，大学生涉世未深，缺乏对信息的鉴别能力，因而容易受到外界信息的干扰，加上大学生的价值观正处在养成期，网络中的不良信息有可能会对大学生造成不利影响，若被不法分子加以利用，大学生极易走上违法犯罪的道路，对个人对集体都将造成不可逆转的损失，这为高校思想政治教育工作增添了难度。

3.网络引导分散化

互联网的出现,使信息网络化的浪潮席卷全球。随着"微时代"的到来,网络已经普及到大部分人群。庞大的网民大军已经成为网络舆论的主宰者,这是一股强势的力量,网络舆论的导向会对我们社会生活的方方面面产生不可估量的影响。因此,网络舆论需要被正确的引领,最直接的引导方式莫过于网络信息的公开。网络信息的公开有利于全民监督查处事态的发展趋势,对于事件真相的揭秘也起到推波助澜的作用,至于网络舆论的导向也要靠大部分网民的正确价值观所引领,同时,网络舆论的正确引导还将促进我国社会民主政治的建设,也是传统媒体之外的最重要的党和国家的思想舆论阵地。然而,由于网络的开放性、匿名性、低门槛、后果的无责任性等特点,网络中时不时会涌现出一些负面的信息。网络中的言论自由造成了人们价值观念的转变,由于网民的良莠不齐,网络中所倡导的价值观念也扞插各异,人们逐渐增强了对金钱的观念,玩世不恭、享乐主义等败坏道德的风气逐渐露出苗头:网络言论的自由和隐匿性也对一些人的责任感造成了削弱,在现实生活中人们往往会受到道德和法律的约束,网络便成了那些道德沦丧者的天堂,他们肆意煽动舆论,在网络中进行恶性欺诈、窃取个人隐私,一些意志薄弱的人往往受其鼓动造成网络犯罪的增加:网络带给人的恶习还有人际关系淡漠,如今"宅"这一词语的应用与网络的发展形成了密不可分的关系,人们可以"足不出户知天下",网络订餐、网络购物、网络交际的广泛使用使得人们逐渐丧失了现实生活中的交际能力,不少人会产生网络依赖症,离开网络很难进行正常的人际交往,以上种种只是网络弊端的其中几项,网络的监管措施不严密使得网络恶性事件难以得到控制,与传统媒体不同的是网络话语权很难受到谁人的控制,因此只有具备良好的媒介素养,大学生才能在网络信息生活中不至于迷失,只有加强对道德思想文化的建设才能使大学生免于网络不良信息危害,加强对思想政治教育的理解才能为大学生在网络海洋里的畅游保驾护航。

二、"微时代"下大学生思想政治教育工作的机遇

（一）"微媒体"的"生活化"丰富了思想政治教育内容

当前,"网络技术架构已经深深嵌入到现实世界之中,成为人的生存环境不可或缺的基础架构,因而也成为人的各种活动包括思想政治教育活动的基础要素。"进入到网络时代以来,人们获取信息的主要方式逐渐向网络转移。作为"新新人类"的当代大学生,对新媒体的应用更是愈加得心应手。平板

电脑、智能手机，高科技的进步更为学生提供了随时获得信息资讯的现代化工具。纸质信息逐渐被数字信息所取代，传统媒体逐渐被网络媒体边缘化。作为更加快捷、方便、及时、有效的信息载体，网络通过不断地链接，极大地丰富了信息的内容，打破了信息的时空阻隔和地域间隔。海量的网络信息使大学生面对一个空前丰富的信息时代。大学生通过微博、微信等平台，可以迅速获得资讯、了解实事。当前，传统媒体正努力适应时代变化，寻求企业转型，力图寻找"微时代"更为廉价、有效、迅速的传播方式。报纸、杂志、广播电台、电视台等纷纷开通微博，知名网站更利用自身优势进行注册。政府为公开政务信息、拉近与群众的距离开通了政务微博；名人明星、草根精英不甘寂寞，在微博、微信上晒生活，吸引了众多粉丝围观：普通人有了充分表达自我、体现自我的平台，通过微信与好友联系，通过微博表达一下自己的生活感悟。微媒体传递的信息"生活化"，是微媒体致命的吸引力。因此，"微媒体"以其大众亲和性、表达随意性、内容多样性而慢慢成了社会各类信息的集散地和社会大众的发声筒，也越来越成为大学生生活学习中离不开的特色元素。

"微媒体"的"生活化"充分的丰富了高校思想政治教育内容。首先，"微时代"的信息资源共享，充分弥补了传统社会信息资源的不对称缺憾，开拓了大学生的视野，也极大地丰富了思想政治教育的内容。其次，"微媒体"所传递的信息量，是以往传统媒体所无法比拟的。微博的更新是以每秒钟数以万计的速度进行的，微信朋友圈信息的更新也极快。信息传播的内容也是丰富多彩，涉及社会生活的各个方面。学生接受思想政治教育，不再仅仅停留在课堂上，停留在书本教学中，而是通过"微媒体"拓展到一个更为广阔的空间和时间上。上网时间的碎片化和弹性化，使学生可以随时随地接受新的教育内容，思想政治教育的内容无形之中被扩大了，教育的方式也更多地体现为"润物细无声"的潜移默化式。最后，"微媒体"传递信息的生动性使大学生更易接受思想政治教育的内容。图文并茂、声像结合是"微媒体"不同于传统媒体的表现形式，它有效地克服了传统思想政治教育形式单一、空洞乏味、注重说教的缺点，使思想政治教育的内容更容易被大学生所接受。大学生作为具有一定独立判断能力的个体，可以通过对社会事件、社会现象等的分析研判，加以适当、适时、适度的正确引导，更容易接受思想政治教育所灌输的理论，并能够内化为自身的理想、道德、信念和价值观，提高思想政治教育的实效性。

同时，思想政治教育工作者可以通过这些"微媒体"获取学生的思想状况，从中了解和学习有益的思想政治教育工作方法，并运用到实际工作中，使得我们的思想政治教育工作更加贴近学生生活,更容易被学生接受。通过微媒体的广泛使用,真正达到思想政治教育工作的无处不在,使思想政治教育融入学生日常的活动空间。

(二)"微媒体"的交互性营造了思想政治教育和谐氛围

思想政治教育取得良好的效果,在于教育者与受教育者的无障碍沟通。受教育者能够充分了解教育者所传递的理念,并且能够心悦诚服地接受,从而转化为自己的理想信念。沟通的效果,在很大程度上决定了思想政治教育的实效性。在教育者与受教育者的关系中,由于在传统教育中主体地位难以实现真正的平等,受教育者总是处于被动接受的态势,而教育者的权威性引起在教育过程中的优势地位而愈加显著。地位的不平等,极易导致心理的不平衡。因此,在师生交往过程中,会存在"看不见的天花板",阻碍师生敞开心扉,进行交流互动。同时,学生出于自我保护心理往往不愿坦露自己真实的想法,而老师为了树立威信、维护威信,会不自觉地对学生展现出一种绝对权威的姿态。师生之间的心理距离越来越远,心灵沟通也越来越难。因此,实现良好而有效的沟通,就必须营造一种和谐的交流氛围。在这种氛围下,受教育者能够放下心防,放松情绪,能够坦诚的表达自己的思想,而教育者也更加便于引导、说服受教育者,接受自己所想要传递的思想理念。当代大学的思维活跃,有很强的独立意识。同时处于青春期的大学生,也具有该时期鲜明的叛逆心理。在有时"沉默"的表象下,更有可能涌动着反叛的冲动。大学生渴望被尊重、被理解、被接受,渴望与教育者平等地交流和沟通,渴望被人倾听和关注。如果教育者能够适时地关注大学生的思想动态,准确地把握大学生的所思所想,就能够在教育过程中有的放矢,事半功倍。因此,在思想政治教育过程中,教育者充分展现自己的诚心、耐心和爱心,和大学生在平等互动的基础上进行交流,十分有助于营造一种和谐的教育氛围,从而取得最佳的教育效果。通过一个具有平等基础的沟通平台进行思想政治教育,无疑是营造和谐氛围的有效途径。在信息技术、网络技术高度发达的当今社会,高科技的普遍应用与迅猛发展,为搭建这种平台提供了技术支撑。新媒体的广泛应用,网络接入的方便快捷,接收终端的日益多样化,使这种平台的形式呈现出令人应接不暇的发展趋势。"微媒体"的出现,是这种潮流趋势的显著特征。

"微媒体"的存在基础是网络。网络的传播形式不同于传统的信息传播,是一种扁平化、交互式的传播。"微媒体"作为一种交流平台充分展现了其平等互动的特质,打破了教育者与受教育者在传统思想政治教育心理障碍,营造了一个言论自由、平等互利的交流平台。使用"微媒体"开展思想政治教育工作，首先是在平等的网络空间进行交流，实现了师生间无障碍的零距离交流。微博的用户之间是一种吸引关系，教育者与受教育者之间是以平等的主体身份表达观点，二者之间没有隶属关系。当受教育者愿意与教育者通过微博沟通时，很大程度上是被施教者所吸引，而不是出于教育者的权威地位。一旦这种吸引力消失，受教育者会丧失对此微博的兴趣。他的主动退出，将会使教育者失去施教对象。正如名人的微博拥有众多的粉丝，而一旦这些粉丝对名人失去兴趣，不再关注，那么这个微博的关注人群就会减少。微信的使用，是一种依赖 QQ 好友以及通信录的主动添加的方式。加入微信群的，基本上具有既定且成熟的现实社会人际关系。微信好友之间不必遮遮掩掩，可以在微信上尽情展现真我。主动建立微信好友关系的好友，应该是在现实社会生活中经常聚会的、聊得来的朋友，而非只有一面之缘或连名字都叫不上的陌生人。因此，教育双方成为微信好友时，一种平等、坦诚的交流模式随即建立起来。在交流过程中，教育者与受教育者的主从身份特征被虚化了，学生与老师之间不再有从属关系，学生不必对老师言听计从，可以根据自己的看法以及观点对老师提出问题，老师也不必照搬书本上死板克制的内容对学生进行说教，而是以一个大朋友的身份对学生进行学习生活上的指导和帮助，这样的交流对改善师生关系有很大帮助。通过"微媒体"的使用，改变了以往课堂教学的严肃说教，更多的是朋友式的交流互动，极大增强了学生的被认同感、被尊重感，满足了学生的心理需求。交流的内容可以不再仅仅是抽象的理想、信念、道德，而是从生活、学习上的点滴关心到思想、心灵的契合。微工具不仅消除了师生之间的隔阂，还成为促进彼此的联络方式。充分利用微媒介，注重倾听学生的"心里话"，真正走进大学生的内心世界，引导大学生树立正确的价值观念，并且内化为自身的思想品质，对当代大学生思想政治教育工作有着积极的现实意义。

（三）"微时代"的分享性拓宽了思想政治教育全新渠道

"微时代"是新媒体大行其道的时代。新媒体是一种"自媒体"，新媒体用户通过各种手机、电脑等网络终端，随时随地发布自己的信息、更新自己的页面，讲述经历的事情、谈谈对生活的感悟等。这些非常"自我"的内容，"自在"的行为，"自由"的表达，突破了以往传统媒介信息来源渠道单一的格局，使网络中的每个人都可以成为信息的发布者、传播者和使用者。用户甚至通过链接其它的网页、微博，转发他人的评论等方式，与好友分享自己获取的信息。因此，"微时代"呈现出分享性的新特征。在微博、微信中，通过"加关注",增加联系人,将好友或者是"摇出"的陌生人拉入自己的交流圈,获取他人的信息,在自己的主页上随时随地更新圈中朋友的信息。同时,也可以将某人"拉黑",或者自己退出朋友圈、微博群,加入新群中。在现实社会中难以做到的自由交往,在虚拟网络中得以实现。如果用户对某一条信息、视频、图片有兴趣,他可以将内容分享、转发到自己的微博、微信等网络交往工具上。对于转发内容,他可以不置一词,也可以附加自己的评论,还可以跟随或批驳别人的评论。内容的筛选可以高度自主和开放,这使分享的信息呈现井喷式的增长。大学生通过微博、微信等平台,自主地决定信息的接受抑或拒绝,其他人的干涉难以起到作用。对信息的内容,大学生也可以选择浏览、转发、评论或者只是"抢沙发"。"微时代"的自由自主,使"分享"变得更加容易。"微时代"的分享性拓宽了思想政治教育的全新渠道。

大学生的思想政治教育活动,在"微时代"通过网络可以实现渠道的多样化,并且伴随着网络技术的发展,越来越多、越来越便捷的渠道被开发和利用。教育者通过开通自己的微博、微信等方式,将思想政治教育的内容传递出去,同时也通过吸引学生的加入,与学生成为交往的朋友。教育者可以通过"加关注"的方式,主动邀请学生进入交流圈,从而能够通过浏览受教育者发布的信息,及时掌握他们的生活学习情况、思想动态、及心理需求。当受教育者遇到困惑、难题时,教育者可以根据实际情况,有针对性地进行说服教育、心理辅导等活动,帮助他们消除疑惑,解决难题。这种一对一的教育,因为教育者的有的放矢而具有良好的效果。教育者通过"转发"和"评论"受教育者的微博,实现思想引导和心理纾解,赢得受教育者的信任。教育者通过"微信",实现了与受教育者跨越时空和地域的交流。教育者可以建立自己的微信群,将受教育者拉入群众,通过群体的力量实现对教育者的引导,使受教育者在集体的力量和大众的舆论中得到有意的启迪。通过有目的、有针对性的思想引导和心理辅导,教育者深入到每一个受教育对象的心目中、脑海里,提高了思想政治教育工作的实效性。高校思想政治教育工作是一个复杂的系统工程,需要校方、家人和社会各界群体等多方面的合力。微媒体为学生家长和高校思想政治教育工作者提供了一个全新的了解学生真实思想、真实情感的渠道,同时为学生和教师、家长、社会之间搭建了一个交流互动、协调配合、深度对话的教育网络。微媒体的高度分享性和开放性、互动性,充分整合了各方教育力量,大大拓宽了教育覆盖面,提高了教育影响力,实现了"微时代"高校思想政治教育工作的新突破。

第三节 "微时代"给大学生思想政治教育带来的挑战

一、"微时代"给大学生思想政治教育带来的五大挑战

（一）"微空间"对大学生思想政治教育的实施平台提出了挑战

进入到"微时代"后，所有人都成了"微民"，公众既可以发布信息，也能接收各类信息。就某种程度来讲，"微时代"背景下的信息传播受到的限制较少，信息的传递实现了互动，信息传播速度不断加快，使网络信息不断增多，这类信息涉及各方面的内容，受到思想观念的影响，一些信息是消极、落后的，还有一些与社会发展和时代发展不相符的言论，这使高校思想政治教育面临着巨大的挑战和压力，给舆论导向的发展带来了一些阻力。

过去，在开展思想政治教育时，主要采用传统的教育形式，例如讲座、课堂教育等，这些形式通常是一点对多点，它的控制性较强。教师在开展思想政治教育时，以教学目标作为指导选取相关的教育内容，向学生教授这些内容，帮助学生形成正确的思想观念，从而完成教育任务。"微时代"加快了信息传播速度，为人们发布信息、接收信息提供了巨大的便利，有利于大学生进行自主学习，在这种形势下，教师所处地位非常被动，他们的话语权受到了影响，思想政治教育的发展遇到一些阻碍。在"微时代"背景下，信息传递实现了大众化，大学生在接受各类信息时容易受到许多因素的影响。如果教师或学校不能有效监督，一些垃圾信息就会给大学生带来误导。还有一些消极价值观，例如拜金主义、享乐主义等就会严重影响大学生的思想，同时还有可能受到色情、暴力等不良信息的影响。大学生的思想观念在受到不良信息的冲击时，也会使思想政治教育遭受巨大的阻碍。

（二）"微软件"对大学生思想政治教育的管理门槛提出了挑战

在过去，思想政治理论课教学是以教务部门与教师统筹管理与安排的，资源与信息比较集中，便于控制与管理。但是现在微软件通过智能手机大量的被学生使用，过去学校在教学资源上的强势地位已经不再如往。

"微时代"的出现，使各类"微"事物不断出现在人们眼前，例如微信、微博、博客等，这些微事物使信息实现了快速传播。大学生在浏览和阅读信

息时，很难辨别信息的真实性和有效性，容易受到不良信息的影响。微信和微博的使用者众多，每个人都可以关注许多主体，如果有人发布不良信息，其他关注者都会受到影响，大学生是一个庞大的群体，当他们的思想发生改变时，社会发展也会遇到阻碍，思想政治教育工作将遇到更多的挑战和压力。

如今，大学生已经成为微媒体使用的主要群体，他们利用微媒体获取自己关注的信息，这种获取是直接性的，此时教育者发挥的主体作用受到了影响。随着微信、微博的快速发展，传统的传播模式发生了巨大的改变，学生拥有了较强的自主选择权，这使思想政治教育在发展过程中遇到了越来越多的阻碍。教师在开展思想政治教育时必须对微信、微博等有正确的认识和了解，假如缺少必要的限制，这些媒体传播的信息会给学生带来不良影响。在开展思想政治教育工作时应该采取措施，防止不良信息产生影响，确保思想政治教育可以积极发挥正向引导作用。

（三）"微传播"对大学生思想政治教育的传统方式提出了挑战

过去，在开展思想政治教育时采用的教育方式主要有感染教育、树立典型和课堂教育等。教师在开展教育、教学活动时，与学生谈心或讲道理，让学生明白为人处事的道理，帮助他们解决一系列难题。这些教育方式具有一个明显的特点，即具有极强的可控性，教师根据教学目标选择适当的教学内容和典型事例，通过讲解事例使学生了解相关信息，帮助他们形成良好的思想道德习惯，但是进入到"微时代"后，上述情况发生了巨大的改变。

进入到"微时代"后，大学生利用微信、微博等媒体能够获得大量信息，教师很难掌控学生获得信息的情况，如果教师无法及时排除不良信息，思想政治教育工作的开展就会遇到许多阻碍。"微时代"使社会环境发生了改变，同时也给大学生的思想价值观带来了影响。大学生面对一系列问题时，他们希望获得答案，此时教师已经无法对教学内容进行全面的控制，学生的选择权不断扩大，给思想政治教育的开展带来了一些阻碍。

近年来，微博发展越来越成熟，网络技术也日益普及，加之手机等媒体日益增多，高校思想政治教育获得了许多新的载体。这些新载体给传统载体带来了许多压力和挑战。教师是思想政治教育的主导者，他们在开展教学活动时应该利用好新的载体，使思想政治教育实现创新发展。大学生通过手机等媒体可随时随地了解各类信息，微信、微博等客户端的出现为学生提供了更多平台，近年来，教师们对手机等媒体也投入了较多的关注。目前，高校在开展思想政治教育时亟须完成的一项工作是创建新的教育模式。

（四）"微视角"对大学生思想政治教育的环境提出了挑战

微博是"微时代"下的一个产物，就发布渠道来讲，微博有着多样化的渠道，其操作简便快捷，学生可以在网站上发布信息，也可以利用手机等媒体发布信息，学生在闲暇之余可以编辑文字或添加图片，完成信息的发布。微博也加强了学生之间的交流，但我们也必须重视微博存在的缺陷，它使高校课堂中的监管盲区不断增多。目前，大学生自控能力差，他们在上课时接发信息、刷微博，这种"隐性逃课"现象日益加剧，一些学生还沉迷在各类社交软件中无法自拔。

微博发送的信息多是文字或图片，大学生长期沉迷在其中，无法从现实中获得良好的情感表达，这种虚拟交流具有一定的局限性，它使人们在实际生活中的交流和沟通不断减少，会使人们混淆虚拟人格和真实人格，人们在现实生活中的交往会受到影响。微博的隐蔽性和虚拟性较强，使高校思想政治教育的开展面临着诸多挑战。在"微时代"背景下，微博在信息的传递和交流方面发挥着积极的作用，它有利于公众在最短的时间内了解各类信息，能够推动信息社会的发展，但是各种文化和思想共同出现在微博平台上，一些不良信息必然会产生消极的影响。"围观""口水战"等现象不断增多，大学生的价值观容易受到影响。人们利用微博发表自己的观点和意见，微博圈中的好友可以评价或转发，这类信息在较短的时间内能产生巨大的影响。这种传播模式使一些非主流现象日益增多，"口水战"就是众多非主流现象中的一个，这类事件最初是某一当事人利用微博发表自己的观点或看法，当该人的观点被疯狂转发之后，评论者们会出现不同的声音，彼此对立的评论者会站在各自的立场上展开"口水战"，此时双方的言论渐渐有悖于理性，最后某一方就会以某种论调来收场，例如方舟子和韩寒在微博上展开的论战等。在"口水战"进入到白热化阶段后，微博使用者评论和发布的信息都与"口水战"有关，这使其他用户受到了不良影响，尤其是给大学生的价值观和思维方式带来了消极影响。还有一些别有用心的人故意发布虚假信息，吸引公众的关注，一些大学生在使用微博时参与过一些营销赢奖励的活动，这类营销活动使垃圾信息不断增多，有些学生在参与这类活动时形成了"投机"心理。"围观"指的是微博使用者将自己的经历的事件或内心真实的感受通过微博发布出来，希望获得其他人的支持或同情，从而产生舆论影响作用，获得一定的帮助。然而，许多微博使用者不仅没有对这类信息产生共鸣，还有浓厚的"看客"心理，他们热衷于"围观"，但却很少关注发起者遭遇的问题。近年来，使用微博的群体中出现了越来越多的"围观者"，他们无法理性对待各类信息，面对海量信息没有自己的主见，这使大学生群体也受到了不良影响，他们的道德水平不断下降。

（五）"微信息"对思想政治教育工作者的素质提出了挑战

过去，教师在开展思想政治教育工作时，他们处在主导地位上，能够掌握有关思想政治教育的信息。进入到"微时代"后，产生了许多微软件，例如微信、微博等，这些微软件的出现使教师的信息优势地位被逐渐削弱，教师素质受到极大的挑战。教师在开展教育教学活动时，他们的文化素质、道德素质以及思想素质等都能得到具体体现。改善思想政治教育教师的素质水平，能够提高思想政治教育的专业程度，可以满足受教育者的需求。大学生在"微时代"背景下使用多种多样的微软件来了解信息、发布信息。假如教师无法了解学生思想情况，一味采用过去的方式开展教育活动，必然会阻碍思想政治教育的发展。教师向学生传递的一些思想政治工作信息，学生在微博或微信上早已知晓，而学生掌握的一些信息，教师却未曾了解过，这种传统的教育方式必然会使大学生和教师产生一定的冲突和矛盾，这会影响到思想政治教育的成效。大学生面对传统教育方式和新兴网络平台时，他们更愿意选择后者。所以，高校教师不仅要具备文化、道德、思想等素质，同时还要正确判断和分析各类网络信息，防止不良信息影响到教学成果。

二、"微时代"大学生思想政治教育存在问题的原因

（一）思想政治教育工作者对"微时代"的重视力度不够

我国在很早之前就提出了科教兴国战略，各高校也在贯彻和执行该战略，但在改革教育和课程时，许多学校都采用传统的教育方法、选择传统的教育内容、按照传统的教育理论来开展思想政治教育。进入到"微时代"后，一些教师没有认识到"微时代"给思想政治教育带来的巨大冲击，在开展教育教学活动时，没有积极使用微信、微博等平台，他们的教育理念仍停留在过去的阶段。一些教师没有认识到信息技术的发展为思想政治教育提出了极大挑战，导致思想政治教育无法实现创新发展。

一些学校相关部门虽然认识到网络在思想政治教育中的作用，但只是构建了论坛、网站，没有使它们积极发挥引导和教育作用。未及时更新网站信息，没有和学生进行互动交流，一些学生遇到问题时，无法和教师进行积极的沟通。而且，高校在开展思想政治教育时通常是在课堂上进行，很少在课外开展相关活动。教师没有对微信、微博等微软件投入足够的重视，没有积极宣传这类信息传播方式，许多学生不了解这类平台，没有参与到微信、微博的互动活动中。由于教师没有认识到"微时代"发挥的重要作用，导致他

们无法及时了解有关"微时代"的信息，一些虚假信息或消极价值观会影响到思想政治教育工作的开展，但因为教师不了解相关信息，无法及时消除这些信息，严重阻碍了思想政治教育工作的进行。

（二）思想政治教育的方法与内容比较单调

在"微时代"背景下，开展高校思想政治教育，有利于推动思想政治教育实现创新发展。过去采用的教育方法虽然具有一定的优势，但它受到空间和时间的限制，例如报告讲座、班会、课堂教学、会议等，这些教育方式能够发挥一定的作用。但它们需要在某一空间和时间中进行，只有师生共同参与才能完成教育教学任务。就大学生而言，受到空间和时间的限制，加之教师占据着主导地位，导致学生的积极性不强，有时还会产生抵触思想，这使思想政治教育很难获得令人满意的效果。

进入到"微时代"后，思想政治教育一定程度上摆脱了空间和时间的束缚，信息传播速度越来越快，传播的范围也得到了扩展。在"微时代"背景下，信息传播不仅方便、快捷，同时还具有开放性，各类信息都得到了有效利用，大学生的多元化需求得到了满足。微信和微博的出现，为学生提供了良好的平台，大学生利用这些平台获取自己感兴趣的信息，它们给学生的生活和学习带来了巨大影响，这类新的教育载体的出现，也使传统教育方法面临着越来越多的挑战和压力。在"微时代"背景下，大学生的视野得到了开拓，他们在获取信息时不再受时空的限制，并且可自由发布、浏览相关信息。"微时代"背景下出现了许多新思想，思想政治教育工作者如果不能及时了解信息，在开展思想政治教育工作时就会遇到许多问题。在"微时代"形势下，教师不应再采用传统的方法来开展教育教学活动，他们应该积极利用微博、微信等新的教育方式，确保思想政治教育与时俱进。

教师在利用微信、微博等开展思想政治教育时，要积极贯彻我党制定的方针和政策，同时将中华民族的传统美德和先进的教学理念结合在一起，借助各类平台发布相关信息。有些教师为完成教学任务，使思想政治教育的信息传播流于形式，这类信息缺少吸引力和感染力，大学生不愿意参与交流互动活动，因为大学生比较关注时事热点和焦点话题。如果思想政治教育的内容陈旧、落后，就无法吸引学生的注意力，这会影响思想政治教育的成效。

高校思想政治教育工作者应该对"微时代"背景下的教育发展趋势有所认识和了解，要使思想政治教育内容得到丰富和完善，加强师生之间的交流和互动，这能有效改善教育效果。

（三）大量的信息垃圾给思想政治教育带来冲击

迈入"微时代"，信息传播实现了大众化，所有人都成为新时代中的一个微民，不仅可以发布信息，还可以接收信息。

在一定意义上，进入"微时代"后，信息传播摆脱了时空的限制。人们可以利用微博发表自己的心情、观点等，同时也能评价和转发其他人的微博，微博简短的信息加快了信息传播速度。就使用微信的用户来讲，他们可自由传播各类信息，可随时在朋友圈中和朋友分享自己的经历、感受，也可浏览朋友的信息，并对信息进行评论。信息传播在"微时代"背景下具有了瞬时性和互动性，这使网络信息大幅度增多，信息内容出现了一定的重复。无论是在微信中，还是在微博中，传播的信息主要是人们的一些观点以及对时事做出的某些评价。这些观点缺少理性分析，通常都是一些碎片式的表达，各类新兴平台被这类信息填充着。网络中的信息缺少真实性和有效性，虽然一些积极思想观念得到了传播，但消极、落后的思想观念也在各类平台中发挥着自身的影响作用，这类信息给大学生的思想政治教育带来了不利影响。由于教师无法及时删除这些信息，导致许多不良信息日益泛滥，大学生缺少社会经验，无法辨别各类信息的真假，他们的思想观念会受到某些信息的影响。一些信息会给学生带来极大的误导，但因为学生缺少辨别信息的能力，受到消极价值观和不良信息的影响，他们的心灵会受到腐蚀，这不仅影响了大学生的身心发展，也使思想政治教育的开展受到诸多阻碍。

（四）部分思想政治教育工作者媒介素养不高

近年来，网络技术实现了快速发展，这使大学生思想政治教育环境发生了巨大的改变，随着教育改革的进行，教师在开展思想政治教育时必须具备较高的素质。高校目前需要一批综合素质较强的教师，他们既要有一定的教育教学能力，同时也要善于应用网络技术。经过近几年的发展，一些高校教师都能够使用"微时代"的一些网络载体，然而，他们还缺少获取信息的能力，许多教师无法对媒介信息进行科学的分析和筛选。一些教师没有认识到媒介发挥的重要作用，他们认为媒介只能够提供休闲或信息服务，没有认真了解媒介发挥的多重作用。虽然思想政治教育的开展应用了许多新兴技术，但是教师只利用它们来收集信息，未有效利用相关信息，还有一些高校的教师缺少利用微博、微信等平台的意识，他们没有认识到微网络的价值，许多教师依然利用传统教育形式来开展思想政治教育，这种教育方式无法满足大学生的需要，很难吸引学生的注意力，无法适应思想政治教育的新的时代形势。

（五）相关网络监管制度不健全

进入到"微时代"后，信息文化传播速度不断加快，这使过去的思想政治教育导向功能受到了影响。当网络技术实现快速发展后，高校师生已经认识到微信、微博平台发挥的重要作用。在"微时代"背景下，就高校思想政治教育工作者来讲，他们应积极转变自身角色，要融入"微时代"当中，在开展思想政治教育时要积极利用微信、微博等软件，传播有关思想政治教育的信息，帮助大学生养成良好的思想观念。为了使思想政治教育微平台顺利运行，必须要构建完善的网络监管制度。当前，虽然一些高校制定了有关网络监管的制度，但就实际工作来讲，这些制度没有得到执行。首先，缺少完善的检查制度，教师在开展思想政治教育时要积极使用微平台，这项工作具有长期性，如果高校未制定责任制度、组织领导制度等，教师在开展思想政治教育时就会缺少明确的指导；其次，未建立完善的监管信息的制度，大学生在接受思想政治教育时，可以通过微信、微博等平台了解相关信息，并且积极参与各类互动，高校很难及时了解传播的信息和学生的思想情况，因为信息监管的缺失，信息传播质量必然受到影响，这会给思想政治教育工作带来巨大的挑战；最后，未建立完善的考核奖励制度，当前，高校很难评价思想政治教育工作者利用微平台开展相关教育工作的情况，也难以考核该项工作，没有对相关人员进行奖惩，因此教师们没有对该项工作投入足够的重视。可见，缺少完善的制度，高校思想政治教育水平很难得到提高。

第七章 "微时代"大学生思想政治教育的创新与发展

第一节 "微时代"大学生思想政治教育创新的必要性

一、时代发展对大学生思想政治教育的必然要求

"微时代"下的大学生思想政治教育，与传统的大学生思想政治教育相比，有着自身的特点和规律。传统的思想政治教育主要以课堂讲授、知识教学、谈心谈话等方式进行，教育过程有着充分的可控性，施教者有着充分的主动权，可以对教育内容、教育媒介进行自主选择，甚至可以主动创设教育环境，从而向受教育者传播具有特定内容的信息，促进教育目的的实现。

"微时代"作为信息时代的一个重要表征，其特点就在于提升个体的自由度，使人的个性充分张扬，这一点在当代大学生身上得到完全的体现。微博、微信已经深刻融入大学生的日常生活，成为其社会交往的重要媒介。在微博中表达自我，参与争辩，在微信中关注他人，传递心声，在大学生看来，在无拘束的"微环境"下所展现的才是真实的自我。而走进人的内心，是对其进行思想和价值观有效引导的前提。在这一时代背景下，思想政治教育很难限定在某一时间或空间，传统思想政治教育的阵地和手段受到了严峻挑战，对于大学生这一思想活跃、精力充沛的群体，更是显得苍白无力。因此，大学生思想政治教育必须实现现代化、信息化和网络化，思想政治教育者要善于使用微博、微信等工具，丰富教育内容和形式，推进思想政治教育模式由一维向多维、由平面向立体、由收敛性向发散性转变，以应对"微时代"带来的大学生思想政治教育新课题。

二、实现大学生健康发展的必然要求

第一，微博、微信满足了当代大学生信息获取和发布的需求。当代大学

生，"90后"已经成为主要群体，他们出生在信息技术大发展的时代，对资讯信息有着高度的敏感性，对信息媒介有着成熟的掌握。因此，微博、微信与他们有着天然的契合，他们可以根据自己的兴趣爱好，在微博、微信上关注对象，发布信息，表达观点，宣泄情感，记录成长，获得关注和认可，寻求成就感。同时，信息大爆炸的时代，各类信息充斥网络，泥沙俱下，良莠不齐。这就需要我们通过微媒体向大学生灌输正确的价值观念，提高他们的甄别能力，从而避免在纷繁复杂的网络环境中迷失自我，走向歧途。思想领域的阵地，正确的观念不去占领，错误的观念就会去占领，说的就是这个道理。

第二，微博、微信满足了当代大学生融入社会的需求。"微时代"环境下的社会，人们更多地使用网络虚拟媒介进行社会交往，成为人际联系的重要方式。当代大学生有着极强的自我意识，参与社会、融入社会的愿望很强。他们关心时事，关注社会现象，对诸多事件有着自己的观点和见解，希望以自己的方式去承担社会责任甚至主导一些社会行为。而微信、微博等工具就为当代大学生提供了这样的条件。他们及时地接收信息，迅速地回复信息，在网络上建立公共平台，组成自组织的团体，促成现实中的集体行动，对社会发展产生影响。

第三，微博、微信满足了当代大学生人际交往的需求。当代大学生更加关注自我，个性更加乐观开放，渴求自由个体之间的交流互动。作为"微时代"的代言人，他们不再拘泥于传统的人际交往方式，更不满足于现实的交际范围。因此，通过微博、微信首先建立熟识的真人网络，再利用网络的特性不断延伸拓展，扩大人际关系圈，实现"双足不出户，遍交天下友"，从而打破时间和空间的束缚，使友谊不因距离疏远而淡漠，使兴趣虽隔千里能共鸣，推动"微时代"下社会交际模式的转换和革新。

三、提高大学生思想政治教育实效性的必然要求

第一，借助微博、微信可以构建新型的教育关系。传统的思想政治教育，呈现出"施教者—受教者"的线性关系，虽也强调受教者的反馈，但往往受制于现实条件，难以形成有效反馈。在"微时代"特征和当代大学生的身心特点下，传统教育模式下的施教者和受教者之间更是平添隔阂，教育效果每况愈下。因此，施教者必须改变原来那种高高在上、向下传导的心理定位，必须融入受教者中，与之建立平等友好的协作关系，亦教亦学，互帮互学，使受教者从心理上接受施教者，才能达到教育目的。借助微博、微信这一当代大学生广泛使用的社交工具，高校的思想政治教育人员才能真正融入大学生的社交圈子，与他们平等交流、真诚沟通，在他们身边扮演亦师亦友的角

色，变说教为畅聊，变强压为劝导，真正形成教育者与被教育者顺畅交流回馈的平行封闭回路，提高教学效益。

第二，通过微博、微信有利于提高大学生思想政治教育的针对性。传统的高校思想政治教育模式下，大学生往往消极被动，不愿积极配合，教师难以掌握学生的真实思想动态和心理变化，难以做到"一把钥匙开一把锁"，实现因材施教。而在自由度很大的微博、微信等媒介中，大学生则一改课堂上的"呆若木鸡"，个个"生龙活虎"，争先恐后地表达观点，酣畅淋漓的展现自我。因此，通过微博、微信，教师可以真正把握当代大学生的所思所想，收集归纳他们的思想困惑和心理问题，从而以问题为导向，有针对性开展教育，将学生摆在思想政治教育主体的位置，实现教育效益的最优化。

第三，微博、微信可以提高大学生思想政治教育的时效性。微博、微信等都是即时社交软件，以信息传播方便快捷、信息交流互动性强为主要优势，大学生使用它们都喜欢"抢沙发""搬板凳"和"秒回"。同时微博、微信传播范围广，延展性强，方式多样，具有互动性、开放性、即时性等特点，恰恰适应了正处于青春期、情感丰富、情绪多变的大学生的表达需求，于是随手刷微博，随地晒状态成为他们的一种生活方式，昨天的状态已经成为过去，此时的嬉笑怒骂与下一刻的心情毫无关系。大学生的情绪多变促成了微博、微信的铺天盖地，多动易变是高校思想政治教育者必须适应的被教育者特质。因此，高校思想政治教育者必须主动加入微博、微信这一传播链条，及时发现大学生的思想倾向和苗头，同时以图文、音频、视频等"微时代"话语与大学生进行互动，才能适应快节奏、多形式的高校思想政治教育新需求。

第四，借助微博、微信可以把握高校思想政治教育的主动权。"微时代"下的高校思想政治教育，教师和学生是双主体，学生发挥主体作用，教师则要发挥主要作用，即在教育过程中，教师要把握教育的方向，控制教育的进度，引导学生达到教育目的。而在微博、微信中，人人都有话语权，既可以百家争鸣，也容易嘈杂一片。当代大学生崇尚个性自由，更是希望充分在微博、微信上表达自我，而无组织的意见表达很容易使事件的整体走向跑偏，或者被其他非主流意见主导。这对"微时代"下的高校思想政治教育既是挑战，又是契机，高校思想政治教育者要注意利用自己教育者在学生中的地位和声望，在微博、微信中合理地加以引导，特别是在群体讨论进行的过程中，要观察事态的进展，及时进行干预，拥有充分的话语权，才能在"微媒介"的思想政治教育中掌握主动。

第二节 "微时代"大学生思想政治教育的创新原则

推动高校思想政治教育的创新发展，不是简单的"微"的网络信息技术的建立，而是要着眼于"人""主体"的方面，要积极利用各类载体，使它们充分发挥作用。所以，为了研究高校思想政治教育的创新发展，必须与紧密结合"微时代"的内涵、特征，遵循思想政治教育的客观规律，坚持恪守若干基本原则。

一、实践性原则

大学生思想政治教育创新，一定要让思想政治教育和实践活动结合在一起。高校思想政治教育的载体为其内容的传递和承载提供平台，当社会日益发展完善，时代不断变化后，教育载体也会随之改变；它的运用更需要立足社会发展的现实状况，以具体的思想政治教育实践作为立足点，及时了解大学生的思想情况，不断探索和寻找新的载体。

就高校思想政治教育工作者来讲，要想让思想政治教育实现创新发展，应该对我国大学生思想政治教育的发展情况有所了解，要对各年级、各专业、各学科的学生的心理情况、思想政治情况以及道德素质有所认识和了解，了解当前的思思政治教育载体在实践中发挥的作用。当思想政治教育教师对上述内容有全面的认识和了解后，他们才能根据实践发展情况，更好地利用与发展思想政治教育新载体，进而让大学生思想政治教育落到实处、获得实效。

二、激励性原则

激励性原则是指教师在开展思想政治教育工作时要采用一些激励方式，对学生实施信息反馈，促使学生的思想情感和心理发生改变，使学生的行为与社会期望相一致，从而完成思想政治教育目标。在激励学生时必须做好正强化信息反馈，这是教师在开展思想政治教育工作时必须遵守的一个原则。按照该原则的要求，教师必须使学生养成自主学习的习惯，要利用有效的教育方法使学生积极参与互动和交流，采用激励措施，使学生的潜能得到发挥。在"微时代"背景下，要让大学生发挥主体性作用，必须按照激励性原则开展相关工作，增强大学生的自信心，教师可利用多种多样的激励方式，例如榜样激励、情感激励、目标激励、物质激励等，使大学生主动进行自我教育，引导他们构建完善的行动机制，帮助学生进行自我调节、自我教育。使新的教育载体发挥积极的作用，巩固大学生的主体地位，教师可以采用一些竞争性、活动性和趣味性强的教育方法来激发学生的学习热情，并使学生的多元化需求得到满足。

三、可控性原则

大学生思想政治教育载体、方法、途径都应当拥有能够为教育者所操作和控制的特征。研究大学生思想政治教育创新和发展，能使高校教师在开展思想政治教育工作时更好地利用这些新的载体、方法、途径，以使教育达到更佳效果。因此，在大学生思想政治教育创新和发展阶段，教师必须要居于主导地位，要起到引导作用。在创新思想政治教育时，教师要对新的教育载体、教育方法和教育途径有深入的认识和了解，要选择科学、合理的教育手段。载体不仅能够使信息表现出来，还可承载知识，它不具有目的性，然而，就思想政治教育的实践来讲无论是操纵载体，还是利用载体，都具有目的性。思想政治教育的创新和发展要有一定的基础和依据，许多物化和非物化形式都可以承载思想政治教育内容，教师应该按照教育目标、结合现实情况，选择正确的载体，从而推动思想政治教育的创新发展。

在创新高校思想政治教育时应该遵照可控性原则，教师在开展创新工作时，必须要选择合理的途径、方法和载体，要选择有吸引力的内容，并按照教育内容开展实践活动，积极利用创新方法和手段，在创新过程中要做好监控和调节工作。

四、继承与发展相统一的原则

在教育实践中，既需要对传统大学生思想政治教育的有效载体、方法、途径进行继承，又需要对现有大学生思想政治教育载体、途径以及方法有深入的认识，并对它们进行科学、合理的改造，同时要结合时代发展需求，积极进行创新和发展。这样才能构建出满足新形势和新时代要求的思想政治教育新体系。

思想政治教育的发展并非因时代变迁而成线性发展的，而是在对传统基础加以改造后实现的创新发展。所以，在推动思想政治教育创新和发展时，必须要对大学生思想政治教育发展历史有深入的了解，要以历史作为基础进行创新发展，从而使大学生思想政治教育创新获得坚实的基础和保障。

第三节 "微时代"大学生思想政治教育的方法创新

创新方法是否正确决定着思想政治教育工作能否取得良好的成果。在"微时代"背景下推动思想政治教育实现发展创新,有利于开展社会实践活动,同时也能促进大学生的全面发展。所以,在"微时代"背景下,积极研究思想政治教育方法的创新和变革,不断探索政治理论教育方法的完善途径,是高校思想政治教育工作者亟待解决的一大难题。

一、理论教育法

在"微时代"背景下,各类平台的应用极为普遍,这使思想政治教育工作环境以及意识形态领域发生了巨大改变,一些新情况、新问题接踵而来。政治理论教育随即暴露出诸多问题,如单一的教育方法、落后的教育观念等,致使许多大学生缺少集体荣誉感、形成错误的价值观和人生观。但是,政治理论教育是不可或缺的,理论教育法的功能及作用也是不能忽视的。

信息传播速度随"微时代"的来临而日益快捷,许多信息开始源源不断涌入人民大众的视线中。由于好奇心理使然、受求知欲的影响,大学生对"微时代"所传播的信息具有极强的接收能力。这些信息在潜移默化中不断影响着大学生的行为方式与思维方式。在历史发展的新阶段,政治理论教育的要求有了进一步发展,因此,相关教育工作人员应充分利用"微时代"的相关平台,注重用马克思主义中国化的最新理论成果及其生动实践去影响学生,在互动交流中引导学生理论认知的自觉和主动,并逐步深化理论认知。在往日,高校的思想政治理论教育都是、围绕三个中心点所开展的,即教材、教师与课堂。这种传统的教育模式不利于学生主动参与,无法将思想政治理论真正植根于学生脑海中。所以,原有的理论教育方法亟待创新,应与时俱进有所发展,并确保学生的主体地位和作用发挥,借助现代信息技术提高思想政治教育理论课的针对性与时效性。

二、情感渗透法

如今,各大网络平台层出不穷,微信、微博等平台更是日新月异。借助这些网络平台,大学生的思想动态得到了较为真实的彰显。在历史发展的新阶段，网络已成为一种主流工具来供大学生表达想法和进行思想交流。当前社会，多元文化不断激越，信息传播十分庞大、杂乱，容易致使大学生的思想观念动摇。所以，怎样确保高效思想政治教育的可行性对相关教育工作人员来说尤为重要。眼下大部分高校在开展思想政治教育时，仅是简单地进行理论灌输，而忽略了内容的时效性及情感的互动。由此可见，情感教育对教育工作人员来说是非常重要的，能充分发挥出大学生的积极性。

在开展思想政治教育的过程中，对情感这个非智力因素进行理性对待，让情感来传达理念，将理念赋予情感，此方式即为情感渗透教育。当然，这种教育方式的重点应该遵循"学生为本"，其目的是促进大学生的全面发展，通过情感渗透，对他们的情感变化、思想动态进行时刻关注，从而培养大学生的良好心态、提升他们的是非辨别能力，从而使大学生能够树立正确的人生观、世界观，从而确保自身行为的端正。

在实施情感教育的过程中，相关教育者应与时俱进，充分了解和把握当前大学生的情感需求，并以此为基础，开展相关情感教育活动。如此，不仅能强化大学生的综合素质，另一方面，对高校思想政治教育工作实效性与针对性的提升也大有裨益。正式构建在师生之间深厚情谊的基础上，学生才能更信任老师，学习过程中才有真正的力量与温暖。总之，"晓之以理、动之以情"是高校在情感教育思想教育工作中需做到的。因"微时代"而衍生出的网络平台为大家构建了一个轻松、平等、公平的环境，所有个体的情感都可以毫无保留地表达。所以，当前相关思想政治教育人员应严格把握时代脉络，有机融合理念与情感，对大学生进行合理的情感渗透，做到于情于理。以吸引学生为基础，展开说服工作，从而不断深化学生的思想水平。并采用情感渗透教育的方式，使高校思想政治教育的实效性上升到一个新的台阶。

三、典型教育法

大学生正处于思想意识异常活跃的时期，因而他们的价值取向非常容易呈现多元化的特征。处于多元化的文化背景之下的大学生越来越不关注先进典型，这使得典型教育对大学生的正面积极引导作用逐渐减弱。

典型教育法，也被称为示范教育法，具体指的是针对受教育者进行典型人物或事迹的教育，使受教育者提升思想道德认识和政治觉悟。大学生尽管处于多种文化并存的时代背景，但仍然会被典型人物或事迹所影响，这主要是由于大学生容易在思想上认同典型人物或者事迹。典型教育法不但能体现一般，同时也能代表个性，实现个性与共性的统一，反映了社会对社会成员在思想上的具体要求。先进的人物或事迹能对社会成员产生强大的积极影响，对大学生来说，榜样能对他们的思想和行为产生积极影响，为他们奋发向上提供源源不断的动力。总而言之，典型教育如果运用合理，能大大提高思想政治教育的实际效果，帮助大学生提高思想道德水平，使大学生朝着更加完善的方向发展。

对思想政治教育工作者来说，尤其要理性判断典型，注意选择正确的典型这样才能合理利用典型。典型教育不能走形式主义道路，高校思想政治教育工作者必须首先在思想上认同典型，同时还要合理宣传典型，用最恰当的方式表达，否则就不容易获得大学生的认同，无法发挥典型教育的作用。高校思想政治教育工作者在选取典型时必须坚持如下两点：首先，典型必须与实际相符合。典型必须是社会生活中的客观实际，不能采用夸大、杜撰的手法来虚构典型。其次，典型要紧跟时代潮流。特定的社会条件产生特定的典型，每个时代下的典型都具有各自的特征。高校思想政治教育工作者应准确把握大学生的心理特征，然后才能在这一基础上选择符合生活的典型。选取典型时还要注意体现层次性和多样性，即不但要多角度、多层次进行典型教育，还要根据不同受教育者的具体情况进行具体分析，确定符合受教育者个性心理特征的典型，以便提高典型教育的效果。

"微时代"是一个大众狂欢和草根化的时代，是"告别英雄"的时代。由于信息的海量性和真实信息的不确定性，大学生接收信息的渠道大大增加，典型的树立实属不易。高校思想政治教育工作者要引导学生关注官方媒体，如人民网、新华网、中央电视台等，获取真实的、正面的信息，追随社会信誉度高的网络名人的微博"大V"，传播正能量。

四、隐性教育法

"教育者的教育意图越是隐蔽，就越是能为受教育者所接受，就越能转化成教育对象自己的内心要求。"隐性教育法是显性教育法的相对概念，是指受教育者通过参加教育者设计的实践活动，在无意识状态下逐渐受到影响和感染，在不知不觉中接受渗透性和间接性教育的一种方法。在隐性教育法中，教育者根据教育内容提前设计好教育方案，并为受教育者创造与教育内容相关的情境或氛围，使受教育者在间接状态下用心体会，进而能够在轻松、愉悦的环境中接受知识、陶冶情操。由于隐性教育的形式比较活泼，与大学生生活密切相关，不像传统思想政治教育那样单一、枯燥，因而大学生更容易接受思想观念的熏陶。

在"微时代"，无论是微信、微博，还是其他平台，都为高校思想政治教育的开展提供了新型形式。随着新社会背景的到来，大学生对信息的需求来源更多地通过大众传媒表现出来，因此高校教师必须立足于时代的变化和发展来创新隐性教育法，这样才能使隐性教育法变得更具有生命力和活力，树立"生活即教育"的理念，实现"思想政治教育的生活化"。

将隐性教育法与大众媒体结合在一起就是一种创新教育法。高校思想政治教育工作者利用QQ、电子信箱以及校园论坛、微信、微博与学生进行交流，了解学生的思想动态，并对学生展开思想教育。于是，原本相当严肃的思想政治教育内容便可以通过评论、留言等形式体现出来，而文字性教育则能够通过图片、音乐等多样化形式体现出来。这些多样化的具体方法不但容易获得大学生的认同，也可以在师生之间搭建起沟通的桥梁，便于思想政治教育工作者及时引导、鼓励大学生。其次，还要突出大学生的主体地位，教师借助于启发、示范等教育手段，为学生提供参与互动的机会，进而提高大学生的思想认知水平。

五、同辈教育法

同辈群体又称同龄群体或同伴群体，是指由一些经历、兴趣、年龄、价值取向、社会地位等相近，并经常在一起互动的人组成的"非正式群体"。在网络微空间，不同的认识和不认识的人可以根据需要自由组合成数不胜数的虚拟群体。如微信群、粉丝群、q9群等，包括一些社交网站。同辈群体之间，之所以可以进行相互教育和自我教育，是因为同辈交往可以使参与其中的人抛开现实的一切社会地位、权威等差别，平等地讨论问题，可以交流相似的学习和成长经历、可以预演未来的社会角色、可以毫无顾虑地评价学校和社会的敏感问题。

大学生群体在社会中备受瞩目，它具有数量多、科学文化素质较高、道德水平较高、休闲时间多、关注社会问题等特点。高校思想政治工作者要充分重视同辈群体教育方法，创设宽松的校园舆论环境，让学生自动、自觉、自我教育。

第四节 "微时代"大学生思想政治教育的途径创新

"微时代"的到来，不仅仅为大学生思想政治教育的开展提供了新的机遇，也对其提出了严峻挑战。基于此，处于"微时代"背景条件下的高校思想政治教育工作者首先应该用现代化的教育观念武装自己，充分利用当前时代背景为思想政治教育提供的新方法和新条件，探索出更多与当前时代相结合的新的教育途径。

一、课堂教学的创新与发展

德国教育家赫尔巴特曾言:"教学如果没有进行道德教育,只是一种没有目的的方式;道德教育(或者品格教育)如果没有教学,即是一种失去了方式的目的。""教学活动在学校各种活动中处于重要地位,课堂教学是大学生思想政治教育的重要途径。不仅大学"思想政治理论课"教学直接承担着思想政治教育的任务,还要充分利用其他学科对大学生进行思想政治教育。

"微时代"背景条件下的高校思想政治教育工作者应从如下几点入手,做好课堂教学的创新与发展。

第一,提升教师综合素质。随着我国社会迈入"微时代",信息传播越来越趋向于大众化和去中心化,思想政治教育者在信息传播过程中的主导地位减弱,话语主导权受到挑战,所以当前条件下的高校思想政治教育者必须坚持学习,与时俱进,不断树立新的观念。其他学科的专业教师要积极参加有关思想政治教育的培训活动,并充分利用网络和手机及时获取教育信息,这样才能将思想政治教育内容渗透于日常的教学工作

第二,丰富思想政治教育课内容。当前,部分高校有待进一步提高思想政治教育课的实效性。之所以出现这种现象,主要是因为教学内容跟不上社会的发展步伐,背离学生生活实际。另外,传统的思想政治教育教学内容大多依据现成的教材来进行,而教材在时间上表现出一定的限制性,它与大学生接受的即时性信息之间存在一定的矛盾,因而降低了高校思想政治教育的实效性。尤其是随着"微时代"的到来,各种各样的信息大量涌现出来,这在很大程度上冲击了课堂教学内容。基于此,高校教育工作者在思想政治教育过程中一方面要重视教材知识,另一方面要积极与社会即时性信息结合起来,引入时下的社会热点话题,这不但能激发大学生的学习动机,还能有助于教育者准确把握大学生思想认识。

第三,改进教学方式。传统的思想政治教育课堂主要实施灌输式教学,学生很少参与,学生主体作用得不到充分体现,因而限制了课堂的有效性。"微时代"的到来不仅使人们的交流方式更加多样化,而且也有利于高校思想政治教育者紧随时代潮流,在教学过程中采用现代化的教学方式。大学生追求创新,崇尚新技术,更倾向于通过新途径获取更多的知识。所以,高校课堂教学同样必须紧跟时代潮流,追求创新,这样才能适应学生的需要。教师应当将多媒体、网络技术应用于思想政治教育实践中,这样才能使其有效吸引大学生的兴趣,进而提高教学效果。

二、传媒影响途径的创新与发展

大学生思想政治教育传媒影响具体是指高校思想政治教育工作者借助于一定的传媒工具，如宣传栏、报刊、电视、网络等，宣传思想政治教育内容，对大学生进行思想政治教育。高校思想政治教育传媒影响必须在"微时代"的背景条件下及时创新，主要做好如下三方面的工作：

第一，进一步提高大学生媒介素养。由于媒介信息良莠不齐，而且大学生受众群体尚未形成完整的理性认识，很难以理性态度对待媒介信息的好坏，所以可能会接受坏的信息，不利于他们的心理健康成长，甚至会引发一系列的社会问题。所以必须大力提高大学生媒介素养，这是创新传媒影响途径的前提条件。高校重视对大学生开展媒介素养教育，有利于帮助大学生形成良好的媒介信息辨别能力，从而利用丰富的媒介资源实现自身发展。大学生媒介素养教育主要涉及如下几方面的内容：一是要了解传媒知识，学会正确使用媒介资源；二是要进一步学习信息传播的技巧；三是要培养大学生认识、辨别、选取媒介信息的能力；四是学会在完善自我的过程中正确运用大众传媒。

第二，选择正确的传播渠道，同时进一步规范信息内容。大众传媒的传播渠道十分广泛，大量的信息聚集于此，因此可能会得出与事实相反的结论，所以高校思想政治教育工作者需要在遵循政策法规的基础上选取正确的传媒信息，充分利用各种渠道大力宣传那些符合学生实际，且能吸引和感染学生的内容，目的是帮助大学生提高思想认识、树立正确的世界观、人生观和价值观。

第三，要充分利用手机载体，为大学生搭建良好的思想政治教育平台。随着 4G 技术的不断成熟，手机应用极大的便捷了人们的生活。大学生群体的手机利用率较高，他们热衷于通过手机进行信息交流，因而高校思想政治教育工作者可以通过手机与学生进行有效交流，及时了解学生在思想上的变化，并对其进行有效教育；手机上网越来越方便，大学生更倾向于通过手机浏览网页信息，因此高校思想政治教育工作者要加强对大学生进行正确引导，使其提高辨别信息的能力；手机应用程序发展越来越成熟，因而高校思想政治教育工作者可以利用 QQ 微信等程序建立新型班集体，全体班级成员都可以通过手机实现互动信息交流。这不仅有利于消除课堂教学在时间和空间的限制，为学生充分思考、积极参与提供了可能，而且思想教育者还可以利用这些应用程序群发通知以及其他信息，提升学生管理水平。

三、网络影响途径的创新与发展

从广义的角度看，网络本身就是传媒的一个构成要素。目前，网络在社会各个领域得到了广泛应用，而且极大地影响了大学生的思想和生活，这就需要针对网络影响途径的创新与发展做出研究。网络具有多样化形式，所涉及的信息内容广泛，而且交互性强，信息更新速度快，这些特点有力地支持了高校思想政治教育工作的开展。事实上，网络是"微时代"下信息技术飞速发展的集中表现，可以从如下几点入手来推动高校思想政治教育网络影响途径的创新与发展：

第一，应进一步强化网络在思想政治教育中所起的作用，探索新的网络思想政治教育形式。高校当前最主要的思想政治教育任务是有效结合大学生思想政治教育理论与实践，准确分析当前大学生思想政治教育中的具体情况，并及时更新思想政治教育网站信息，使其更具有吸引力。一是要增加资金投入，建设网络基础设施，从物质条件上保证网络思想政治教育的正常开展；二是要突出网站内容的方向性，不但要涵盖中国特色社会主义理论和当的路线方针政策，还要涉及对重大政治问题、新闻热点的正确评论，引导大学生形成正确的思想观念，抵制错误思潮的影响；三是要提升网站的吸引力。在网站建设过程中，应增强网站吸引力，无论是整体布局、色彩搭配，还是网站内容、图片设计都要突出生动性和灵活性。思想政治教育网站应该增加新闻公告栏板块以及自由讨论板块，这既可以方便大学生及时、快速地浏览各种教育信息，又可以增强彼此之间的互动，便于思想政治教育者及时发现大学生思想问题并加以正确引导。

第二，构建完善的高校网络舆情干预机制。高校网络舆情是指高校大学生面对校园热点问题、校园管理以及其他社会现象时所表现出来的态度、观点以及情绪的综合，大学生思想动态可以通过网络舆情反映出来。大学生网民数量很多，而且网络信息十分复杂，因而他们很容易在网络热点问题讨论中失去理性判断的能力，被整体舆论形势所影响。尤其是随着微信、微博的广泛应用，信息传播速度更快，受众也更加广泛，对社会热点的情绪或观点能够在较短时间内迅速传播出去，面对这一形势，高校有必要建立完善的网络舆情干预机制，保证高校思想政治教育网络载体得到更好的应用。高校思想政治教育者要多重视热点信息，留心事件的发展，强化正面信息的宣传，消除负面信息的影响。

第三，将微博应用于思想政治教育。大学生喜欢新鲜事物，他们是微博的忠实追随者，因此高校教育工作者要善于利用微博，力争将其开发成思想政治教育的新场所。一是教育工作者要通过微博搭建师生、生生之间的有效交流平台。思想政治教育工作者利用微博构建班级微群，通过微博信息反映社会热点问题、校园热点问题，并对学生进行积极正面引导，还可以通过微博组织学生对特定主题进行讨论，使学生在一种和谐、轻松的状态下积累知识，提高思想道德水平；二是要为高校社团进入微博提供条件。一般而言，高校社团是由众多拥有共同兴趣爱好的大学生组建而成的校园团体，它有效承载着校园文化，在培养大学生兴趣爱好、提高大学生交际能力和组织能力的进程发挥着重要作用，是大学生校园生活中不可或缺的一部分。所以，可以将高校社团同微博结合在一起，建立起微博社团，发布一些能够吸引大学生兴趣的信息，更好地激发学生参与讨论的热情，使广大学生通过微博形成良好的互动交流；三是要提高大学生自主性，不断壮大微博应用爱好者队伍。高校思想政治教育工作者要对不同的学生进行指导，加大自主性教育力度，使其可以通过微博实现自我管理以及自我服务。通过分析众多高校网络舆论事件发现，大学生往往更热衷于同其他网民进行交流互动，他们同高校教育管理者之间的互动性相对较差，高校思想政治教育者一定要看到这一点，并及时发现在微博讨论中起着引领作用的声音，加强对粉丝量大、信息源广泛的"脖领儿"进行引导，尤其要在学生干部中发现和培养善于发布消息、表达自己观点、引领舆论导向的"脖领儿"，使大学生思想能够朝着正确的方向发展。

四、活动教育途径的创新与发展

高校党团组织、学生组织借助于各种活动的组织和实施，实现对大学生的思想政治教育过程。一方面，这些活动大大增加了个人活动的机会，而且也为大学生参与集体活动提供了更多的机会。活动教育途径更突出对大学生进行集体教育，创新与发展大学生思想政治教育活动途径，应该从以下三点入手：

第一，进一步丰富活动形式，突出教学内容与实践的有效结合。道德教育的实际效果最重要通过道德实践活动体现出来，因而加强道德建设就要加强道德教育理论与实践的结合。思想政治教育不能脱离实践活动单独开展，空洞的理论说教根本达不到预期的教育效果，必须充分利用实践活动，使大学生实际参与进来，通过大学生的自我感受实现自我教育。因而，高校思想政治教育工作者要在进一步明确教育目的的基础上，为大学生设计更多形式的思想政治教育活动，通过生动活泼的教育形式，使大学生在参与中实现对自我的思想政治教育。举例来说，高校教育者可以组织大学生参加"走进社区"等社会实践活动，帮助大学生了解社会不同阶层的生活情况，获得更为真实的心理感受，有助于大学生提高社会责任感；高校思想政治教育者还可以为大学生举行讲座活动、组织影视欣赏活动，还可以召开交流活动活动，通过这些生动的活动形式，帮助大学生更深入地理解思想政治教育内容，准确了解自身潜能；同企业建立合作关系，实行校企合作，组织学生进入自己的实践基地进行参观，帮助学生加深思想认识，拓展思维；对学生开展集体主义教育，强化学生的集体认识，形成良好的团队意识。在"微时代"条件下，无论是活动的创意、组织管理、宣传推广、反馈信息，每一项都借助新的信息交流渠道而更加迅捷、广泛。

第二，积极引导大学生参加社团活动，促进大学生综合素质的提高。随着社会的发展，传统的班级观念越来越弱，紧紧围绕大学生兴趣爱好开展的社团组织在大学生思想政治教育中发挥着越来越重要的作用。大学生社团活动不但能培养学生的兴趣爱好，提高学生的交际能力，还能够丰富学生生活，提高他们的内心感悟能力，因而有必要引导大学生积极参加社团活动。但在实践中要注意坚持以下两点：一是要把握社团发展方向。高校思想政治教育工作者不但要指导和监督建立社团，同时还要指导监督社团活动以及社团的发展方向。高校思想政治教育者对不同类型的社团要给予不同的指导，如对待理论学习型社团，要全力支持；对待科技创新型社团，要积极鼓励；对待兴趣爱好型社团，要进行指导监督，力争使每一个社团都健康发展；二是要积极鼓励社团组织实践活动，大力提高社团的凝聚力和向心力，充分发挥社团的教育作用。引导社团积极开展富有趣味，且知识性较强的活动，使大学生通过参与活动提高思想认识和自身素养。我们也必须明确一点，那就是"微时代"下的科学技术发展不仅有利于社团活动的开展，而且有利于管理目标的实现。

第三，要大力提倡微公益活动。即使是日常生活中的一些小事，汇聚到一起也能产生巨大的力量，因而尽管思想政治教育中树立典型很重要，可是也不能忽视普通大学生的积极参与。"微时代"的重要特征是每一个人都参与进来就可以产生很大的结果，高校思想政治教育要根据这一点，积极开展与大学生特点相符合的微公益活动。举例来说，根据"壹基金"理念，号召经济基础稍好的学生每月捐出一点点钱，为贫困学生提供资助。通过这种方式，既可以使贫困生不再为生活发愁，从而安心投入到学习中，为社会做出更大贡献，而且捐款学生也能够从中提高自我价值的认识，有利于提高大学生思想道德素质。

第八章 新时代高校大学生思想政治教育工作创新

第一节 新时代的高校大学生思想政治教育工作

十九大的顺利召开标志着中国特色社会主义进入新时代，高校肩负着新的历史使命和时代课题，以习近平同志为核心的党中央高度重视高校思想政治教育工作，不断进行理论和实践创新。思想政治教育工作作为高校开展学校教育工作的主轴线和意识形态领域的主要阵地，应始终坚持马克思列宁主义以及中国特色社会主义理论成果，这是关乎地方乃至国家办学的社会主义方向的重要问题。

一、新时代的新发展

当前我国的社会发展进入了新时代，新时代中国就有新的时代特点，高校大学生思想政治教育工作作为高校开展工作的主轴线必须深刻认识新时代的时代特征，学懂弄通新时代的新思想，为高校发展提供正确的指导方针。

（一）新时代的新特征

1. 新时代的新内涵

在十九大报告中，习近平总书记指出："中国特色社会主义进入了新时代，这是我国发展新的历史方位"。步入这个新时代，我们有了矛盾新内涵、历史新使命和实践新要求。新时代既是全国各族人民团结奋斗、不断创造美好生活的时代，又是全党和全国各族人民共同努力实现中华民族伟大复兴的时代，新时代的发展拓宽了发展中国家走向现代化的途径，为推进全世界各国人民的发展贡献了智慧和提供了方案。

2. 新时代的新矛盾

习近平总书记在党的十九大报告中指出"我国社会主要矛盾已经转化为

人民日益增长的美好生活需要和不平衡不充分的发展之间的矛盾"。这一矛盾的转变不仅是物质文化生活需求数量上的转变更是质量上的提升。人民对美好生活的向往以及对更好教育的期盼使高校大学生思想政治教育工作面临更严峻的考验，高校不仅要提高教学质量水平更要注重对教学资源分配的相对均衡化。

3. 新时代的新思想

新时代的新思想是以"八个明确"和"十四个坚持"为核心思想构成习近平新时代中国特色社会主义思想，内容丰富，理论深刻。习近平新时代中国特色社会主义思想是马克思主义中国化的最新理论成果，作为中国特色社会主义理论体系的重要组成部分是全党全国人民必须长期坚持并不断发展的，要求我国高校积极贯彻落实，大力宣传教育，让习近平新时代中国特色社会主义思想进校园，进课堂，进宿舍，进人心。

4. 新时代的新机遇

新时代的中国将发展成为创新型国家，建设成为各大领域强国的同时形成数字中国和智慧社会。这就需要高校积极迎接我国发展的这一历史机遇期，以习近平新时代中国特色社会主义思想为行动指南，深化教育现代化改革，建设"双一流"，砥砺奋进办好人民满意的教育，推动高校事业的跨越式发展，使得高校的理论、制度和文化发展更加成熟，抓住历史新机遇为学生谋幸福、为国家作贡献、为民族谋复兴。

（二）新时代高校大学生思想政治教育工作的新形势

1. 国家教育方针：加快教育现代化

党的十九大报告指出："建设教育强国是中华民族伟大复兴的基础工程，必须把教育事业放在优先位置，加快教育现代化，办好人民满意的教育。"加快推进教育现代化必须全面贯彻党的教育方针，落实立德树人根本任务，发展素质教育，培养德智体美全面发展的社会主义合格建设者和可靠接班人。基础教育要推进城乡义务教育一体化发展，让每个孩子都能享有公平而有质量的教育。在高校要加快一流大学和一流学科建设，实现高等教育内涵式发展。

2. 社会教育需求：普及大众教育

自1977年高考制度恢复以来，我国高等教育发展进入快速发展时期，从注重少数的人才培养方式转向大众化培养方式。如今，我国进入了建设新时代中国特色社会主义的伟大时期，高等教育占世界高等教育总规模的20%。在办好学前教育、特殊教育和网络教育，普及高中阶段教育的基础上，要完善职业教育和培训体系，深化产教融合、校企合作，进一步普及大众教育让更多学生接受高等教育。同时，办好继续教育，加快建设学习型社会。

3. 高校思想政治教育：高度重视思想政治教育工作

十八大以来，党和国家出台了一系列有关大学生思想政治教育工作的政策文件，对高校思想政治教育工作提出了新要求。十九大报告中指出："落实意识形态工作责任制，加强阵地建设和管理"。思想政治教育工作作为地方高校意识形态领域的主阵地，高校要坚持把立德树人作为中心环节，把思想政治教育工作贯穿教育教学全过程，实现全方位育人。要把习近平中国特色社会主义思想贯穿到日常教育教学中，确保各项工作重点落到实处，取得实效。

4. 思想政治教育学科：学科专业性增强

思想政治教育学科作为我国哲学社会科学学科体系中的重要组成部分，经历近30多年的发展取得了巨大的成果。思想政治教育学科的专科、本科、硕士以及博士等各层次的专业设置日趋完善。在不断完善专业设置的同时形成了自身独特的话语体系和专业的课程系统。十九大报告中强调要深化马克思主义理论研究和建设，加快构建中国特色哲学社会科学体系，加强中国特色新型智库建设。这表明想政治教育学科其专业性更加鲜明。

二、新时代高校大学生思想政治教育工作的指导思想

一个民族强大的凝聚力是基于整个民族思想上的团结，一所高校的创新发展必须以科学的理论为指导方针。在当代中国只有坚持马克思主义和党的领导才能使思想政治教育工作充分发挥在人才培养中的作用，开启新时代高校大学生思想政治教育工作的新征程。

（一）坚持用马克思主义武装头脑

习近平总书记在庆祝中国共产党成立95周年的重要讲话中指出："马克思主义是我们立党立国的根本指导思想"。高校作为马克思主义传播的主阵地，在进行大学生思想政治教育工作中应始终坚持马克思主义指导地位不动摇，始终将马克思主义作为开展新时代高校大学生思想政治教育工作的指南并在实践中不断丰富和发展马克思主义。

坚持用马克思主义武装头脑，才能保证高校在教育改革中社会主义的办学方向和马克思主义在高校意识形态领域的指导地位不动摇；才能在教育改革中，遵循高等教育规律和高校办学规律，深化高校综合改革，建设一流学科，培养一流人才；坚持用马克思主义武装头脑，提高大学生思想政治觉悟，使大学生坚定理想信念和对共产主义的信仰，保证国家和社会未来的发展方向；坚持用马克思主义武装头脑，建设高校校园先进文化，提高高校文化软

实力和综合竞争力。高校作为文化形成与传播中心，需不断增强文化底蕴，走在建设社会主义先进文化的时代前列。

（二）坚持党对高校的领导

毛泽东曾提出："掌握思想领导是掌握一切领导的第一位"。坚持党对高校一切工作的领导，牢牢掌握党对我国高校事业思想领域的领导权，使高校成为培养社会主义事业建设者和接班人的坚强阵地。

坚持党对高校的领导是发展中国特色社会主义大学的本质要求。高校要加强党的基层组织建设确保党的领导具体落实到学校治理和党的建设各项工作中，团结带领高校全员为实现高校"双一流"的内涵式发展共同奋斗；中国共产党作为中国特色社会主义事业的领导核心，坚持党对高校的领导是走中国特色社会主义道路政治优势的体现，要将党的领导体现到高等教育领域中去；坚持党对高校的领导是高校全面从严治党的迫切需要。高校工作人员普遍存在"四个意识"淡薄以及对思想政治教育工作不够重视等问题，通过强化党对高校的领导，既能促进高校管党治党的工作，又能提高自身办学治校的本领。

（三）坚持思想政治教育工作在人才培养中的地位和作用

改革开放以来党和国家逐步加强对人才培养的重视。十九大报告中强调要建设教育强国，培养全能的创新型人才。高校作为人才培养的摇篮，要培育德才兼备的人必须以思想政治教育为基础，必须充分认识到思想政治素质对于大学生成长成才的重要性。

高校思想政治教育工作为人才培养指明了方向。个人的政治方向是否正确体现在政治立场、政治态度、政治品质和政治信念等多个方面，而思想政治教育的重要任务就是及时准确地宣传党和国家最新理论和政策，保证高校人才培养的正确方向；高校思想政治教育工作为人才培养提供动力。马斯洛的需求层次理论表明每个人都有不同层次的不同的需求，而人们为了满足自身不断发展的需求就需要对其进行不断地激励。高校思想政治教育通过把握大学生在不同阶段的生理、心理以及行为等特点，利用物质奖励和精神奖励鼓励大学生积极奋进不断实现自己的人生价值。

三、新时代高校大学生思想政治教育工作的新思想

新时代高校大学生思想政治教育工作要与时俱进，贯彻落实新时代的新思想与新理念，只有这样高校大学生思想政治教育工作才能做到不闭塞、不落后，与时代同步发展。

（一）坚持"立德树人"根本任务

党的十八大强调把立德树人作为我国教育事业发展的根本任务，为高等教育的发展指明了方向。立德树人作为建设中国特色社会主义教育事业的核心，是培养新时代全能型、创新型人才的根本。在新时代背景下，高校要不断适应新情况，积极深入贯彻习近平新时代中国特色社会主义思想，将其落实到大学生思想政治教育工作中，坚持立德树人的根本任务，全面推进我国素质教育的发展进程，以最大的努力实现教育公平，是新时代实现高校大学生思想政治教育工作新发展的根本遵循。

（二）牢牢掌握意识形态工作领导权

十八大以来习近平总书记一直在强调意识形态工作的重要性，要不断增强意识形态领域的主导权和话语权。对于新时代高校教育工作的有效开展，意识形态更是关乎高校办学治校发展道路的关键问题。高校作为意识形态工作的前沿阵地，具有很强的引领示范作用，高校必须加快普及马克思主义教育进程，建设具有强烈凝聚力和号召力的高校社会主义思想，团结全体师生的理想信念，深化马克思主义中国化理论成果的研究和建设，使习近平新时代中国特色社会主义思想深入人心。

（三）坚持"两个巩固"的根本任务

习近平总书记在全国宣传思想工作会议讲话中强调指出："宣传思想工作就是要巩固马克思主义在意识形态领域的指导地位，巩固全党全国人民团结奋斗的共同思想基础"。"两个巩固"的根本任务为新时代高校大学生思想政治教育工作开创了新局面，提供了基本理论遵循。高校思想政治教育工作既要充分认识意识形态工作的重要性，又要深入开展习近平新时代中国特色社会主义以及社会主义核心价值观的宣传教育，以改革创新为动力，不断增强大学生思想政治教育工作的活力，弘扬主旋律，传播正能量。

（四）加快一流大学和一流学科建设

新时代带给高校发展的新机遇就是建设一流大学和一流学科，要实现高等教育的内涵式跨越式发展。"双一流"建设有利于提升我国高等教育领域的综合实力。高校应积极拥抱"双一流"，抓住实现创新发展的历史机遇，坚持提高教学质量，发展本校特色。在建设好与本校办学特色相一致的学科专业基础上大力促进与其他专业学科的交流融合，既要发挥传统专业学科的优势又要注重其他学科的均衡优化发展，尤其是要创新发展适应国家社会发展需求的新兴专业学科使高校未来的发展道路越走越宽。

第二节 新时代影响高校大学生思想政治 教育工作的因素

大学生思想政治教育工作作为高校教育事业的重要组成部分，社会进步的同时出现了众多影响高校大学生思想政治教育工作的因素，具体表现为社会环境、高校自身建设、高校思想政治教育队伍、高校思想政治教育辅导员队伍以及大学生群体自身等因素。

一、社会环境因素

中国特色社会主义进入了新的发展时期，但国际环境和国内环境发生的激烈变化对新时代高校大学生思想政治教育工作仍有着重大的影响作用。

（一）国际环境

近年来，由于世界政治、经济、文化等方面的深入融合发展，各种社会文化思潮相互激荡、相互渗透使得高校意识形态领域呈现出复杂的斗争性，特别是科学技术迅猛发展为各种思想文化的传播提供了前所未有的便捷条件。国外的各种民主思想观念在带给我们积极影响的同时一些腐朽消极的思想会导致部分鉴别能力弱的大学生出现信仰危机。在世界各国不断加强经济间的合作和文化的交流，各国之间的联系日益紧密的背景下，一些西方霸权主义国家借此机会对我国意识形态领域进行不断渗透，甚至进行"西化"和"分化，严重影响高校大学生思想政治教育工作的开展，尤其是会对大学生价值观的形成产生一定危害。

（二）国内环境

从国内情况来看，网络信息技术的迅猛发展在人们享受方便快捷的同时造成人们思想意识形态的多元化，而这些复杂深刻的变化对大学生世界观、人生观、价值观的形成都产生了深刻的影响，反映在高校大学生群体特征中表现为大学生思想的多层次、多样化和多变化。如网络上泛滥成灾的不良信息易造成大学生价值观扭曲的严重后果。新型的网络技术为高校思想政治教育工作提供了新渠道实现了高校思想政治教育工作在网络领域的发展，同时产生了新矛盾即灌输式教育不能满足当代大学生的需求。因此，迫切要求高校寻找新时代大学生思想政治教育工作的新理念和新方法提高大学生思想政治教育工作的实效性。

二、高校自身建设因素

高校大学生思想政治教育工作的成效不仅受社会环境发展变化的影响而且高校领导和教师队伍对大学生思想政治教育工作的重视以及高校思想政治教育工作的体制机制也会影响大学生思想政治教育工作有效进行。

（一）高校对大学生思想政治教育工作的重视程度

一方面，部分高校对大学生思想政治教育工作不够重视，表现为大多学校把教学建设、专业特色、教学管理等方面作为工作重点，从而使大学生思想政治教育的教学效果边缘化。思想政治教育教学效果被忽略的同时大部分学生只是为了应付考试而学习，导致思想政治教育并未发挥真正作用。另一方面，高校对大学生思想政治教育工作认识片面化。当下社会普遍关注的问题就是大学生就业难，以至于大部分高校将教学重点放在能提高就业率的专业课上，便出现了忽视大学生思想政治教育工作的问题；还有些高校片面地认为大学生思想政治教育工作只是党团干部或辅导员的工作，缺乏全员育人的意；在大学生学业与职业生涯规划方面相关人员未给予全面指导，不能从根本上帮助其解决学业、就业等问题。与此同时，学校教育在一定程度上忽略了社会教育和家庭教育在大学生思想政治教育中所扮演的重要角色。

（二）高校思想政治教育工作的体制机制

大众化教育的深入发展让我国大部分学生有了接受高等教育的机会，然而高校大学生思想政治教育工作体制机制不健全的问题在此背景下日益暴露出来。高校思想政治教育队伍建设滞后，部分高校存在教育人员数量短缺问题，教育团队整体素质水平不高以及教育的硬件设施和资源严重不足的情况。因为各类有效激励机制、淘汰培训制度的不健全导致思想政治教育队伍建设不具稳定性，思想政治教育队伍成员的积极性呈下滑趋势。随着高校发展定位的提升以及大学生个性化特点日益凸显，高校思想政治教育工作者的职业保障体系需进一步完善，避免产生学生事务的日渐扩大化与辅导员每日忙于事务之间的矛盾，难以完成对学生重要问题的及时解决。

三、高校思想政治教育队伍的因素

在高校大学生思想政治教育工作过程中高校教师队伍和辅导员队伍是教

育过程引导者，对大学生的学习和生活有第一时间掌握动态的优势，因此教师和辅导员应起到以身示范的榜样作用并及时主动地与学生交流，实现双向互动。

（一）高校思想政治教育的教师队伍

一方面，高校教师的思想政治素养和道德素质待提高。教师作为传道授业解惑者在大学生思想政治教育方面有极其重要的作用，但在高校教师头脑中全方位育人的理念还未深入扎根，在教学过程中易出现"教"与"育"分离的情况。同时，近年来高校学术界不断爆出剽窃抄袭事件以及性侵事件，身为师者理应德高望重，以身作则，但教师的丑闻事件常被揭露，值得深思。另一方面，高校教育者工作者缺乏对受教育者的正确认识。教育者进行思想政治教育工作的基本前提就是了解受教育者的实际情况，只有掌握了受教育者的基本情况和兴趣需求才能保证思想政治教育课程达到预期效果。

（二）高校思想政治教育的辅导员队伍

高校思想政治教育辅导员队伍的结构有待完善，自身的专业化程度有待提高。高校辅导员作为学生日常生活的第一工作者能及时了解并掌握学生的思想变化、心理变化以及学习生活中遇到的各类问题，但大部分高校的辅导员是兼职性质的，专职专业的辅导员较少，特别是兼职辅导员大部分又是任课教师，这就导致兼职辅导员既要保证教学任务又要承担学生管理工作，不能把全部精力放到学生日常学习生活中，影响了思想政治教育工作实际成效。此外，许多高校录用辅导员的门槛较低导致出现高校辅导员队伍的整体素质水平偏低的情况，低学历、低职称的辅导员队伍对高校大学生思想政治工作实效性的提高起到了阻碍作用，这就需要高校进一步提高思想政治教育队伍的综合素质和相对稳定性。

四、大学生群体的自身因素

新时代有新的时代特点，时代的进步发展赋予了大学生不同的时代烙印，当代大学生拥有着与众不同的个性和特点，正视大学生的个性化特点和需求对教育者提高大学生思想政治教育工作实效性具有重要作用。

（一）大学生思想的多变性

激烈变化的社会环境让当代大学生在成长过程中面临各种复杂问题的同时呈现出学生群体层次多样化的特点，再加上大学生就业难问题不断严重化，导致大部分学生存在心理压力大的问题。然而，他们思想活跃却又善变，富有创新却个体差异明显，这对新时代高校大学生政治思想教育工作提出了新挑战。虽然在大学生群体中有自学能力强且自我期望值高的学生，他们既拥有高远的理想又对生活充满信心、希望，但由于大学生社会经历较少，应对挫折的能力较差，心理承受能力差，理想与现实之间的差距容易使他们走向极端，如何有针对性地处理这部分学生的问题成为高校大学生思想政治教育工作的一个新课题。

（二）大学生需求的多样化

新时代大学生的思想特点和个体需求有着较明显的时代特色，他们个性独特，个体需求具有多样性和差异性却具有较强的批判精神和思辨能力。在学习兴趣、态度及能力等方面存在差异，有学业辅导、生活引导、就业指导以及人际陪伴等各方面的需求，这些需求的满足程度对大学生的健康发展有很大影响。思想政治工作者必须全面把握大学生的不同需求，通过优化社会环境及制度保障从萌芽状态化解大学生成长中遇到的各种问题和矛盾，不断提高大学生理智应对不同问题的能力。

（三）大学生价值取向的多元化

全球经济一体化和社会主义市场经济的发展带来了多元的价值观念，在开放的多元文化背景下，大学生的价值观念呈现出个体性和多样性的特点，整个社会群体的价值取向呈现出多元化的发展趋向，尤其是在大学生群体中表现尤为突出，大学生的主体意识、法制意识、参与意识、民主意识逐步增强，同时越来越多的大学生选择自主创业让学生与学校的关系正在发生微妙的变化，由于学生主体意识和法治观念的不断增强，部分学生将自己看作学校教育的投资者和消费者而不再是被动地接受者，对于这一新问题的出现要求高校认清学生的发展变化以便正确处理好与学生的关系。

第三节 高校大学生思想政治教育工作的新格局

中国特色社会主义进入了新时代，我国现阶段的主要矛盾转变为人民群众日益增长的美好生活需求与发展不协调、不充分之间的矛盾，这一新矛盾表现在教育领域为社会大众对教育的需求已由"数量"向"质量"转变，为了更好地实现人民对教育的美好期望，办好人民满意的教育，高校可通过以下路径构建新时代大学生思想政治教育工作的新格局。

一、高校思想政治教育工作者树立新时代工作理念

高校教育工作者作为大学生思想政治教育的引领者，德高为师、身正为范是教育者的职业要求，同时应紧跟时代脚步，不断创新教育理念适应时代发展的需求。

（一）树立以学习者为中心的教学理念

新时代的中国将会有更令人满意的教育以及更好的就业服务质量，但传统的封闭式课堂教学中教育者处于主导地位，对学生进行单一式的知识理论灌输教育无法满足新时代大学生多样化需求的特点，而新时代的现代化教育更加注重以学习者为中心，尊重学生主体性，让"有教无类，因材施教"的教育教学思想扎根整个教育教学过程，建立平等和谐互助的新型师生关系，把创造适合学生发展的教育作为当前教育发展的核心价值追求，作为高校大学生思想政治教育发展的新起点。教育者在整个教育教学的过程中要由教育的主导者变为学生的引导者，努力做好教育教学课程的开发者和建设者，设置多元可选择课程满足学生多样化需求，提高教育质量。此外，教育者要正确认识到学生是发展的、独特的、具有独立意义的人，尊重学生的人格尊严和基本权利，将思想政治教育与学生的健康发展切实联系起来，以全新的时代视野和时代精神把学生培养成德智体美劳全面发展的社会主义建设者和接班人。

（二）树立渗透教学的理念

渗透教育的渗透性是指："相对于思想政治教育工作的正面灌输而言的，是指结合教学、管理等业务工作一道进行并贯穿和渗透其中的一种思想政治教育工作的方式、途径和原则"。教育者作为传道授业解惑者要普遍意识到课堂知识中对于价值观的教育功能，要重视在教育教学的过程中将学科知识的传授与价值观的教育进行有效的结合，不断推进二者的协调统一作用，更要注重将习近平新时代中国特色社会主义思想渗透于教学过程，让习近平新时代中国特色社会主义思想进课堂，强化学生在各个专业学科领域对习近平新时代中国特色社会主义思想的认同感，用习近平新时代中国特色社会主义思想武装头脑，引导学生在形成正确价值观判断的基础上进行理性的选择。同时教育者要拥有丰富的专业知识，把各方面的知识、思想融会贯通在实施渗透教育的过程中，帮助学生提高综合素质，正确把握大学生的身心发展规律，保证渗透教育工作有的放矢地进行，实现教有良师，学生德智体全面发展、健康成长的目标。

（三）树立"三全"的育人理念

习近平总书记在全国高校思想政治工作会议上强调，要把思想政治工作贯穿教育教学全过程，实现全程育人、全方位育人。"三全"的育人理念即新时代高校大学生思想政治教育工作要实现全程、全员、全方位育人。高校开展大学生思想政治教育要坚持把德育寓于各个专业学科教学的全过程，不仅要依靠专业的思想政治理论课程，更要发挥其他专业学科的育人功能，在传授知识的同时与学生的价值观、人生观相结合使知识真正转化为学生的实际行动；高校党委要把育人的工作理念贯彻落实到各级党委中，包括院党委，系党委以及基层党组织都要充分发挥党的引领榜样作用；高校教师应以身作则，不仅要做学生的"知识摇篮"更要做学生思想上的知己；高校辅导员应时刻关注学生的思想及生活动态，及时地给予心理疏导和帮助。高校应意识到学生的教育不仅是学校的责任，更需要与家庭教育协助配合，实现家校合作促进学生良好发展，同时不能忽视社会教育的影响，引导学生提高明辨是非善恶的能力，避免社会不良因素侵害学生的身心健康，从而保证全方位育人的顺利实现。

二、丰富高校思想政治教育工作中的新时代内容

高校思想政治教育工作作为高校意识形态领域的主阵地要不断丰富教育工作的内容，从马克思列宁主义到马克思主义中国化理论成果以及习近平新时代中国特色社会主义思想应同步渗透于大学生思想政治教育工作的各个方面，确保思想政治教育内容不过时、不落伍。

（一）习近平新时代思想应是高校思想政治工作的重要内容

习近平新时代中国特色社会主义思想的教学要突出马克思主义最本质、最核心的问题，要将理论和实践相结合正确回答时政前沿问题以及学生关心的社会热点问题，引导学生完成对习近平新时代中国特色社会主义思想的深入了解和学习，并在实践中践行社会主义核心价值观；根据国家教育部的相关要求选用合适的教材进行理论教学。除此之外，需要有其它必要的课外信息资料进行辅助教学，如影视资料、社会发展成就展览等活动，使广大学生学懂弄通习近平新时代中国特色社会主义思想，做好自己人生的"掌舵者"；在学习方法上要注重主渠道与多渠道相结合的方式进行。在充分发挥思想政治理论课的主渠道作用的同时必须发挥基层党团组织以及以习近平新时代中国特色社会主义思想为主题的研习会等团体的作用，积极广泛开展社会实践活动，建设校园文化。

（二）坚持用社会主义核心价值观加强思想道德建设

新时代高校大学生思想政治教育工作应以培养实现中华民族伟大复兴的新时代大学生为切入点，强化社会主义核心价值观对高校大学生思想政治教育工作的引导作用，注重培养大学生的实践养成教育，时刻把社会主义核心价值观融入渗透到高校的领导班子、全体教职员工以及学生群体工作和生活各方面，使之内化为高校全体人员情感认同，表现为日常生活的行为习惯。与此同时，高校要广泛开展理想信念教育，强化习近平新时代中国特色社会主义思想和中国梦的宣传教育，大力弘扬民族精神和时代精神。也可以在班级内开展集体性精神文明创建活动，如：文明宿舍和优秀班集体的评比活动，通过不断加强思想道德建设提高大学生的道德文化内涵。

三、创新高校思想政治教育工作的方法

新时代高校大学生思想政治教育方法的创新应当在继承传统教育方法的基础上站在新时代中国特色高校发展的高度充分利用信息化、大数据时代的优势，同时吸收借鉴国外相关学科的成功经验和方法，动员一切资源和力量共同探索适应新时代大学生思想政治教育工作的新方法。

（一）继承创新、与时俱进

思想政治工作作为党的一项中心任务发展至今已经形成了一套科学的方法体系，如传统的灌输法，榜样示范法，自我教育法，在现代化教学中依然有着巨大的生命力，但随着互联网的飞速发展，网络媒体平台的出现，传统思想政治教育方法的弊端逐渐显露出来使得高校思想政治教育工作不但没有显著成效反而会让大学生产生抵触心理。灌输式教育把学生视为被动的接收者，这显然不能与当代大学生思想独立、个性明显的特征相适应，就需要在此基础上继承创新，将教育者的单一灌输转变为以学生为主导的双向互动，调动学生的主动性充分发挥课堂的主渠道作用。教育者要与时俱进地更新所传授的内容，把习近平新时代中国特色社会主义理论的核心思想和理念贯彻落实到高校的校园文化建设和学生课堂中，用习近平新时代中国特色社会主义思想指导教学实践工作。

（二）借鉴国外、为我所用

大学生思想政治教育工作一直存在于资本主义和社会主义国家，虽然在内容、形式等方面不同但主旨都是以爱国主义为核心开展的教育工作。国外思想政治教育工作的特点主要表现为理论认知具体形象、注重学科渗透、

开展心理咨询、健全学生人格等，那么高校在创新新时代大学生思想政治教育工作的过程中就应积极借鉴国外的成功经验。例如，在理论认知方面，国外的教学过程更具体形象易于学生理解，便于学生掌握，而我国的大部分理论课偏重于抽象单调的理论知识传授使得学生感到枯燥乏味缺乏兴趣，这就需要高校加强各学科间的渗透，发挥各专业的育人功能。在心理咨询方面我国大部分高校的心理咨询室形同虚设，不能及时解决大学生在心理与思想方面的问题才会出现高校学生屡见不鲜的跳楼自杀事件。因此，新时代高校思想政治教育工作应建立健全大学生心理健康教育制度，充分发挥心理咨询室的作用，通过培养并招聘专业的心理咨询人员解决大学生实际问题，必须做到围绕学生、关照学生、服务学生，提高大学生的思想政治素质。

（三）利用媒介、以人为本

互联网时代的迅猛发展使网络媒体平台发展为国内外思想舆论斗争的新领域，高校传统思想政治教育的工作方法再次受到挑战。高校传统思想政治教育内容的一元性受到网络媒体信息的多元性挑战，传统思想政治教育的主体单一性受到网络信息主体互动性的挑战，传统思想政治教育的滞后性受到网络信息传播及时性的挑战。因此，高校要顺应时代趋势充分利用网络媒体平台的优势对受教育者进行习近平新时代中国特色社会主义思想的隐性教育，落实立德树人，以学生为本的基本任务。例如，进行网络直播课，知识竞赛活动以及参与学校相关主题等活动，充分发挥学生的主体作用，实现学生自我价值的过程中强化对习近平新时代中国特色社会主义思想的认识。同时要让学生正确认识网络这一"双刃剑"，在学习生活中既要充分发挥互联网的积极作用，又要行使作为网络主体的主动权，坚决抵制网络暴力。

四、改善高校思想政治教育工作形式

新时代高校大学生思想政治教育工作的创新发展不仅要依赖于教育者理念、内容和方法的创新，更要打破传统封闭的教育形式让大学生思想政治教育工作从"教室内"走向"教室外"，从单一传统的教育形式转变为丰富多样的教育形式。

（一）创新发展网络思想政治教育

高校要积极掌握网络思想政治教育工作领域的领导权和主动权，各级领导应对网络思想政治教育工作给予高度重视，力争主动，狠抓落实。同时建立健全网络思想政治教育工作的管理体制，使高校网络思想政治教育平台成为宣传习近平新时代中国特色社会主义思想的文化阵地。此外，高校必须加强网络媒体平台建设，通过扩大网络平台覆盖面实现网络思想政治教育效果的最优最大化，力争建成学生所到之处都能实现网络思想政治教育的网络数字化校园，如：利用网络平台形成可点燃兴趣适应个性的课堂，激发学生创造热情。高校应建立富有特色性、思想性、趣味性符合本校发展理念的思想政治教育网站，提供个性化服务。例如我校的"红色太行"主题网站，丰富了大学生的课余生活又实现了网络思想政治教育的目的，使思想政治教育由"单项"变为"双向"增强了宣传效果，提升了网络思想政治教育的吸引力和渗透力。

（二）以校园文化为载体进行渗透教育

习近平在全国高校思想政治工作会议上提倡高校注重以文化育人，高校应充分发挥校园文化的价值导向功能、环境熏陶功能和美育功能，将习近平新时代中国特色社会主义思想融入高校校园文化建设中，营造积极向上的校园文化氛围，发挥校园文化的价值导向作用，对大学生的道德情操在无形中进行熏陶和感染，提升自身的道德文化修养。美好的校园环境总能使人感到精神兴奋、轻松愉悦、对学习生活充满信心，长期置身于其中有利于陶冶情操，提升大学生的审美水平。因此，高校应开展形式多样且高雅的校园文化活动，如开展先进模范人物座谈会，让时代精神进校园。校园文化建设要让校园的标志性建筑充满文化底蕴，兼具科学精神和人文精神，让每个人都能感受到批判与创新精神、民主与自由精神，在无形中使身心受到感染。

（三）以社会、高校、家庭相衔接进行日常化教育

高校大学生思想政治教育工作要始终贯彻落实全过程、全方位、全员育人的理念，既要重视学校教育对学生身心健康发展的影响又不能小觑社会教育和家庭教育的作用，要构建"三位一体"思想政治教育工作形式，创造家校社共育的环境，主动关怀学生，为学生全面发展全方位护航。因为家庭教育是学生成长的第一课堂，学校教育是学生成长成才的主体，社会教育是学生走向成熟的催化剂。新时代高校大学生思想政治教育工作要注重学校教育与家庭教育的和谐统一。高校辅导员应在学生入学后通过家长会或电话沟通的方式积极获取第一手资料，充分了解学生的发展情况为后续工作打开一个良好的开端。其次要使学校教育与社会教育有机结合。学校教育工作者在进行思想政治教育时，要让时事新闻、社会发展的先进事例、人物进课堂，实现对学生的正面教育。最后注重发挥社会教育的力量，将社会中自发的社会

团体，分散的社会媒体进行有效的资源整合使之步入正轨，通过社会文明道德建设与高校思想道德教育相结合，实现内与外的呼应。

五、完善高校思想政治教育工作体制机制

培养优秀的传道授业解惑者，提高教师的地位及待遇，事关教育事业发展的百年大计。只有把提高教师地位待遇作为高校教育改革的突破口才能不断增强教师职业的幸福感，才能让更多人享受于太阳底下最光辉的职业。

（一）完善高校制度保障建设

高校大学生思想政治教育工作是一项巨大的工程，单纯靠高校领导的重视和教育者的努力远远不够，高校必须树立全员育人、全民教育的理念，加强各方面的保障制度，从根本上保证大学生思想政治教育工作的实效性。高校建立健全思想政治教育制度使思想政治教育工作制度化规范化，保证思想政治教育工作体系中的每个部门各司其职完成任务。同时，高校的思想政治教育工作可与职业教育相结合，学校进一步完善职业教育和培训体系，深化产教融合、校企合作，使学生在职业规划与职业体验中锤炼其品质。另一方面，高校应进一步强化针对全体师生的激励机制。对于教育者除了建立科学合理的绩效评价制度外，要对有突出表现的教育者及时给予精神和物质奖励；对于受教育者，创新激励机制应更加注重情感和人文主义的关怀教育，关心学生的内心世界，并且不断鼓励称赞学生使之自信成长，这就需要教育者不断探索创新激励方法，与学生共同成长。

（二）完善高校基层党组织建设

我国高校是校党委对本校工作实行全面领导，高校党委应遵循十八大以来的相关文件精神，努力推进高校思想政治工作改革创新，不断更新观念、探索方法。高校党委应建立健全校领导、院（系）领导联系师生、谈心谈话制度，加强与教育者和受教育者的双向沟通，使高校党委真正发挥政治核心作用。同时创新基层党委组织的工作方式，教师党支部和学生党支部作为高校基层党委组织的重要组成部分，不仅要求党员教师时刻以身示范走在教师队伍的前列，拓展相关专业知识提高业务能力和思想道德素质水平，还要以独特的人格魅力在课堂上潜移默化地影响学生；学生党员作为同辈群体中政治表现的突出者应主动带头深入学习党课知识，发挥榜样示范作用。在日常学习生活中也应渗透德育教育使学生党员充分调动其他学生的学习热情。

（三）完善高校思想政治教育工作队伍建设

高校作为培养高素质人才的主阵地，教师队伍素质水平的高低又直接影响并决定学生整体素质水平，高校应积极响应习总书记"让教师成为让人羡慕的职业"的号召，完善高校思想政治教育工作队伍和建设，这也要求教师具有较高的专业素质和科学研究素质争做新时代教育领域的领军人物。高校应设法拓宽培养教师专业素质的渠道，提高教师职业道德水平及自我修养能力，加大对教师教学成果和教育教学研究论文的奖励，激励其为建设中国特色社会哲学体系贡献自己的智慧和力量。高校应积极落实强化监督管理机制，实现育人功能。同时，教师要不断改进教学方法，增强教学艺术性，提高课堂教学效果。

对于高校辅导员人才的选拔，各地方高校出台了《辅导员选拔与管理办法》，对辅导员的选拔实行严进政策，从根本上保证了辅导员队伍的专业化和职业化。高校应从交流制度、培训制度、考评制度、激励制度、晋升制度、职称评定制度等方面完善辅导员管理制度，保证辅导员的物质需求和精神需求调动其积极性，增强辅导员自身的责任感和使命感。另一方面，高校辅导员要通过不断提升自我品质实现从职业型向专业型的转变，在工作中坚持以学生为本，真正做到服务学生、关心学生。

参考文献

[1] 杨新宇，朱磊.改革开放以来思想政治教育基础理论研究的新进展 [J].思想理论教育导刊，2008(11)：23-29.

[2] 尚飞.人本视域下学校思想政治层次性教育的路径探析 [J].齐齐哈尔大学学报 (哲学社会科学版)，2009(01)：173-174.

[3] 付国锋.改革开放以来思想政治教育内容创新研究 [J].湖北第二师范学院学报，2009(01)：46-48.

[4] 许朝民.谈和谐理念在高校德育教育中的运用 [J].才智，2009(13)：65-66.

[5] 姜玲玲.复杂性思维下的思想政治理论课程实施 [J].安徽农业大学学报 (社会科学版)，2010(03)：126-131.

[6] 郑永萍.浅议德育价值与高校德育功能 [J].攀登，2007(01)：145-146.

[7] 王建新.促进学生道德的自主建构——关于提高"思想道德修养与法律基础"课道德教育内容教学实效性的思考 [J].思想理论教育，2007(09)：71-74.

[8] 冯翠平.新的历史条件下政治教育仍是思想政治教育的核心——对思想政治教育学科名称争论的思考 [J].法制与社会，2007(06)：671-672.

[9] 石磊.加强思想教育的必要性讨论 [J].才智，2012(14)：308-309.

[10] 苑斯文，刘建慧.浅谈大学基层教师对学生思想政治教育的作用 [J].才智，2011(22)：305-306.

[11] 孙佩锋，尉天骄.思想政治教育的起源与发展——兼谈思想政治教育的本质 [J].学术论坛，2011，(10)：26-29.

[12] 孙其昂.关于思想政治教育本质的探讨 [J].南京师大学报 (社会科学版)，2002，(09)：18-23.

[13] 袁媛，郭凯.从存在论视角看思想政治教育的本质 [J].山东社会科学，2012，(12)：195-196.

[14] 侯丹娟.关于思想政治教育本质的再思考 [J].学校党建与思想教育，2010，(03)：15-17.

[15] 汪先平. 对思想政治教育本质的再认识 [J]. 科学社会主义，2010，(01)：100-103.

[16] 王玉升，于成学. 交往实践活动与思想政治教育本质探讨 [J]. 思想教育研究，2013，(06)：32-37.

[17] 骆郁廷. 思想政治教育的本质在于思想掌握群众 [J]. 马克思主义研究，2012，(09)：128-137.

[18] 王学俭，郭绍均. 思想政治教育本质问题再探讨 [J]. 教学与研究，2012，(12)：61-67.

[19] 宇文利. 论思想政治教育本质：政治价值观的再生产 [J]. 马克思主义与现实，2013，(01)：183-188.

[20] 刘书林. 论思想政治教育的本质——坚守"灌输论"的缘由 [J]. 思想理论教育导刊，2012，(10)：38-44.

[21] 褚凤英. 思想政治教育本质再认识 [J]. 探索，2010，(03)：129-133.

[22] 连玉朱. 大学生思想政治教育的现状、影响因素与对策思考 [J]. 产业与科技论坛，2014：191-192.

[23] 魏晓文，关丽丽. 大学思想政治教育的本质与规律探析——基于中美比较的历史主义范式 [J]. 思想教育研究，2012，(06)：27-31.

[24] 张艳新，赖雪梅. 现代思想政治教育本质新论 [J]. 探索，2005，(04)：127-129.

[25] 陈志华. 坚持思想政治教育的本质属性——政治性与科学性的有机统一 [J]. 理论与改革，2006，(05)：152-154.

[26] 多娜佳. 对高校加强思想政治教育的探索 [J]. 前沿，2017（410）：59-59.

[27] 杨晓慧，加强高校党委在思想政治工作中的顶层设计 [J]. 思想理论教育，2017（3）：10-14+68.

[28] 郑永廷. 把高校思想政治工作贯穿教育教学全过程的若干思考 [J]. 思想理论教育，2017（1）：4-9.

[29] 王德勋. 高校思想政治教育工作创新研究 [J]. 黑龙江高教研究，2017（164）：25-26.

[30] 江雨凝. 以"五大发展理念"引领大学生思想政治教育工作的实践路径分析 [J]. 河南教育（高教），2017（2）：68-69.